MYTHOS JAGUAR

MYTHOS JAGUAR

BERNARD F. VIART
XAVIER DE NOMBEL

ÜBERSETZT VON
RENATE DARIC

Motor
buch
Verlag

Die französische Ausgabe ist dort erschienen unter dem Titel
FANTASTIQUES JAGUAR
Die Übertragung ins Deutsche besorgte RENATE DARIC

ISBN 3-613-01490-4

1. Auflage 1992

Ein Unternehmen der Paul Pietsch-Verlage GmbH & Co.

Satz: Vaihinger Satz + Druck, 7143 Vaihingen/Enz.
Printed in France

INHALTSVERZEICHNIS

EINLEITUNG

JAGD AUF JAGUAR

Die schönsten, seltensten, geschichtsträchtigsten, exklusivsten und markantesten Jaguar aufzuspüren und zusammenzuführen verlangt Geduld und Beharrlichkeit. Diese gigantische Jagdpartie hat uns in die USA, nach England, Italien, Deutschland, Holland und natürlich nach Frankreich geführt. Es ist nicht leicht, bei einem solchen Vorhaben ein Ende zu finden. Dieses Buch könnte zweimal oder sogar dreimal so dick sein, und wir hätten immer noch den Eindruck, nicht alles Wissenswerte gesagt, nicht alles Sehenswerte fotografiert und Modelle unbeachtet gelassen zu haben, die ihren Platz in diesem dem Mythos Jaguar gewidmeten Band vollauf verdient hätten; denn wenn diese Jaguar phantastisch sind, so sind es ihre Eigentümer nicht minder. Jedes Modell, so wie es heute zu sehen ist, verdankt seinen Ursprung einer authentischen Liebesgeschichte, bei der ein an Unvernunft grenzender Eigensinn eine Idealvorstellung und ein scheinbar endloser Kampf um die Verwirklichung dieses Schönheitsideals allgegenwärtig sind.

Vierunddreißig Modelle auszusuchen, die den Jaguar-Mythos begründet haben, war verständlicherweise keine leichte Aufgabe. Die anfängliche Liste wurde zusehends länger, vollständiger und reicher an neuen Modellen, von denen eines prachtvoller und begehrenswerter war als das andere. Dann kam die umgekehrte Arbeit, die wir mit blutendem Herzen unternahmen, nämlich streichen, kürzen, ändern, ganz weglassen oder vereinfachen, um die vorgeschriebene Seitenzahl nicht zu überschreiten. Als nächste Phase begannen Fährtensuche und Treibjagd, Kontaktaufnahme, Telefonate, Termine, Aufspüren des geeigneten Rahmens, endlose Außenaufnahmen, bei denen auf optimale Lichtverhältnisse gewartet und die Wahl des Blickwinkels getroffen werden mußte; dann die Bewegungsfotos und das angespannte Warten im Labor auf das Resultat; manchmal fiel es enttäuschend aus und wir mußten von vorne angefangen, selbst wenn die Saison weiter fortgeschritten und das Licht zu hart war; manchmal regnete es drei Tage hintereinander, die Zeit war zu knapp und wir mußten länger als vorgesehen an Ort und Stelle bleiben; aber was für eine Entschädigung, wenn wir dann, bequem vor dem Projektor installiert, eine phantastische Serie Dias genießen konnten!

Und dann der Text: schreiben, beschreiben, seine Freude, seine persönliche Überzeugung, seine Liebe zu diesen Jaguar teilen; seine Vorliebe mitteilen, ohne den Leser über ein zwangsläufig parteiisches Urteil im unklaren zu lassen, willkürlich den Text über ein Modell beenden, wohl wissend, daß nicht alles gesagt werden kann, aber auch zugeben können, daß man nicht alles wissen kann und daß es noch Fahrzeuge gibt, die ihr Geheimnis nicht preisgeben – eine begeisternde Aufgabe!

Dieses Buch ist das Resultat einer fabelhaften Reise ins Jaguarland. Die hier gezeigten außergewöhnlichen Schöpfungen werden wohl so bald nicht wieder in einem Bildband versammelt sein:

- der höchst seltene SS One Airline der Sammlung ICS, dem wir uns nur dank der Gefälligkeit Rick Amblings nähern konnten;
- das noch seltenere Cabriolet SS One, von dem es schätzungsweise nur noch vier oder fünf Exemplare auf der Welt gibt. Wir haben es dank der Geduld seines Eigentümers Gerritt Driessen in Holland fotografiert;
- das Cabriolet (Coach) und der Tourer SS One, das unzertrennliche Paar der Sammlung Dr. Philippe Renaults, der sich auch glücklicher Besitzer der Super-Rarität
- SS One 90 nennen darf, von der nur ein einziges Exemplar nach Westeuropa verkauft wurde, das allgemein als SS 90 bekannt ist;
- der erstaunliche Roadster SS 100 »Brooklands«, dessen phantastische Laufbahn schon allein Stoff genug für einen spannenden Roman abgeben würde. Auch hier ist Philippe Renault wieder hilfreich eingesprungen;
- das vom großen deutschen Sammler Otto Tönges einzigartig restaurierte 3,5-Liter-Drophead Coupé;
- der Aluminium-Roadster XK 120, auf den Roy Palmer zu Recht stolz ist, weil er im Juni 1991 in Stamford am International XK-DAY den ersten Restaurierungs-Grand Prix davongetragen hat;
- das 3,5-Liter-Drophead Coupé Mark V Guy Rabets, eines Elsässer Tierarztes und begeisterten Jaguar-Anhängers. Dieses Exemplar ist exemplarisch für den ungeheueren Aufwand, der zu einer originalgetreuen Wiederherstellung notwendig ist;
- der Roadster XK 120 Lightweight LT1, der 1951 für Le Mans vorgesehen war, wenn die C-Typen nicht rechtzeitig einsatzbereit gewesen wären. Der hier abgebildete LT1, einer der drei Lightweight-Typen, ist eines der wertvollsten Stücke der Sammlung David Cottinghams.
- Das Coupé XK 120, eine von der ehemaligen Turiner Firma »Stabilimenti Farina« karossierte Stilstudie und ein Einzelstück, das schlicht »Flying Jaguar Coupé« getauft wurde. Albert-Jean Hemelsdael, sein Eigentümer, war so freundlich, es uns anzuvertrauen;
- der Stahl-Roadster XK 120 , der vom Restaurator René Sontrop mit eifersüchtiger Sorgfalt wiederhergestellt wurde;
- der Typ C, eine Rennbarketta als Kundenversion (N° XKC 016), eine der beiden einzigen damals nach Frankreich gelieferten Versionen dieses Typs und Nummer sechzehn der Serie, die dank einer durch nichts zu erschütternden Entschlossenheit ihres Eigentümers Philippe Renault ihre königsblaue Livree wiedergefunden hat;

• aber auch das Schwestermodell, eine Werks-Rennbarketta Typ C (N° XKC 051), Le Mans-Sieger von 1953, Mythos und Aushängeschild der Marke, das nach langem Aufenthalt in den USA wieder in den Hamilton-Clan zurückgekehrt ist. Dieses leichter gemachte 51. Exemplar der Serie ist das perfekte Gegenstück zum XKC 016;
• der Roadster XK 140, den die französischen Sammler Jacques Allard und Christian Wallart mit nie versiegendem Enthusiasmus instandgesetzt haben;
• der Typ D »Short Nose«, Chassis N° XKD 530, des Rennstalls Andrew Barber, den Timo Makinen mit unbestreitbarem Talent pilotierte, bevor er der Star der Rallyes wurde;
• der Jaguar Connaught Michel Gossets, eine sagenhafte Stilstudie auf der Basis des Renn-Einsitzers;
• die Limousine Mark VII M des bekannten französischen Restaurators Joël Corroy;
• der Lister-Jaguar »Knobbly« Andrew Babers, der erste Prototyp der Baureihe;
• der Lister-Jaguar »Costin«, nach seinem Designer Frank Costin und seinem Schöpfer Brian Lister benannt. Philippe Renault und das Internationale Automobilzentrum in Pantin haben uns mit Rat und Tat zur Seite gestanden, um dieses echte Kunstwerk aerodynamischen Stylings, das alle Qualitäten besaß, um 1963 in Le Mans zu siegen, im Bild zu verewigen;
• der Jaguar E2 A, ein werkseigener Renn-Prototyp in der 3-Liter-Version, den Briggs Cunningham 1960 im Hinblick auf die Teilnahme in Le Mans gebaut hatte. Dieses noble Einzelstück ist der Clou der Sammlung von Penny und Roger Woodley.
• Der Leser findet außerdem den Roadster XK 150 3,8 Liter des französischen Sammlers Marc Hévia;
• das 3,4-Liter-Cabriolet XK 150 Brian Ekins, dessen perfekte Restaurierung dem Autor die begehrte Trophäe des »International XK-Day« eingetragen hat;
• den Roadster 3,8-l-Typ E des Präsidenten Claude Clérici, der alle »Racing«-Merkmale besitzt;
• das sagenhafte und extravagante Coupé Typ E Lightweight »Low Drag«, das den Tod seines Piloten Peter Lindner verursacht hat und das jetzt zu den Prunkstücken der Sammlung »Rosso Bianco« von Peter Kaus zählt;
• den unsterblichen Mark II »Tour de France« des großen Meisters Bernard Consten;
• den Prototyp XJ 13; ein Rennwagen mit Mittelmotor, der Ende der 60er Jahre entwickelt wurde, um die Marke im Wettbewerb würdig zu vertreten, und der nie ein Rennen gefahren ist. Die Werksleitung war so freundlich, uns dieses unersetzliche Zeugnis technischen Könnens aus Coventry für die Dauer einer fotografischen Sitzung zu überlassen;
• das 4,2-l-Coupé Typ E Pierre Laforêts, wahrscheinlich eine der gelungensten Stilstudien der Automobilgeschichte;
• den 5,3-l-Roadster Typ E V 12 Malcolm Woolheads, eine verblüffend originalgetreue Restaurierung, mit der sich der Roadster den umworbenen Titel eines »Champion of Champions« verdient hat;
• den Spider XJ S by Pininfarina, eine sagenhafte Kreation des Turiner Karosseriemeisters, die den Geschicken der Marke eine andere Wendung gegeben hätte, wenn Browns Lane sich der Bedeutung des Modells bewußt geworden wäre. Fredi Valentini war uns bei den Aufnahmen im Schnee eine besonders große Hilfe.

Die jüngere Generation ist mit den XJ-Versionen vertreten:
• der XJR »Group 44« von Bob Tullius ist – nach zwanzigjähriger Abwesenheit vom Rennbetrieb – das Symbol der Rückkehr der Marke in Le Mans. Er gehört zur Sammlung »Rosso Bianco« von Peter Kaus;
• der XJR 9 LM, ein Sport-Prototyp der Homologationsgruppe C, den das »Tom Walkinshaw Racing«-Team (TWR) gebaut hat. Mit ihm knüpfte Jaguar 1988 endlich wieder an seine Le Mans-Siegesserie an, einunddreißig Jahre nach dem letzten Sieg mit Flockhart und Bueb auf einem Typ D. Dieses quasi mystische Modell wird liebevoll im Pantheon des Werks aufbewahrt;
• natürlich auch der XJR 15, ein als Alltagsauto verkleideter Sport-Prototyp, wie 1957 die XK 55-Straßenversion des Typ D. Die Aufnahmen dieser »Kundenversion« kamen dank der verständnisvollen Hilfsbereitschaft Tom Walkinshaws zustande;
• schließlich und endlich findet der Leser hier den 1992 in Genf vorgeführten XJ 220: dieser letzte in Kleinserie gebaute Supersportwagen öffnete den Konstrukteuren »Jaguar«, »JaguarSport« und »TWR« wieder die Tore des exklusiven Klubs der Produzenten automobilistischer Perfektion. Kann man vor einem solchen Meisterwerk überhaupt gleichgültig bleiben?

Ja, es sind wirklich alles phantastische Jaguar!

PHILIPPE RENAULT GEWIDMET
EINE AUTORITÄT FÜR JAGUAR

Zu den phantastischen Jaguar gehört ein phantastischer Jaguarist! In dreißig Jahren militanter, kompromißloser Markentreue hat Philippe Renault in Sachen Jaguar absolut alles besessen, vom seltensten bis zum exotischsten Exemplar; er hat mit dem Talent eines Profis auch absolut alles pilotiert und alle in Frankreich und Europa zu vergebenden Auszeichnungen verliehen bekommen; mit der Gründung des French Jaguar Drivers Club hat er Frankreich den Jaguar-Virus inokuliert; er hat mit Leidenschaft, unbeirrbarer Entschlossenheit aber auch mit bewundernswertem Urteilsvermögen Jaguar gesammelt, und zwar zu einer Zeit, in der noch nicht alles nach dem Geldwert gemessen wurde; er hat seine Leidenschaft bis zu Ende ausgekostet, und als er alles besaß und nichts mehr zu wünschen übrig blieb, hat er beschlossen, aufzuräumen, den größten Teil seiner phantastischen Sammlung aufzuteilen und nur ein Konzentrat zu behalten: den ersten und den letzten Jaguar und dazwischen einige Perlen der Marke. Als Pionier und Lehrmeister hat er Generationen markentreuer Jaguaristen diesen ganz besonderen Virus eingeimpft – eine kompromißlose Leidenschaft für Jaguar. Wir alle stehen heute gewissermaßen in seiner Schuld.

B.V., Le Touquet, 1992.

FÜR DEN WIND GESCHAFFEN

Dem »Airline«-Stil waren in relativ kurzer Zeit nahezu alle britischen Konstrukteure erlegen. Ein reines Modephänomen? Zweifellos, wenn man nur die Produktionsdauer und die Zahl der karossierten Rahmen in Betracht zieht: Knapp zwei Jahre – von 1934 bis 1936 – und insgesamt 624 Exemplare. Das Konzept war jedenfalls völlig neu, denn bisher war eine Karosserie immer nach dem gleichen Schema gebaut worden: Eine Haube für den Motor, einen Innenraum für Fahrer und Passagiere, einen Kofferraum für das Gepäck – das unvermeidliche »Dreivolumen-Konzept« mit seinen beiden Varianten: Lange Haube und kleines Interieur für den »sportlichen« Typ, geräumiger Innenraum und großer Gepäckraum für Tourenwagen und komfortablen Familientransport.

Wer hat sich zuerst vom »Dreivolumen-Diktat« befreit? Ob die »Zweivolumen-Mode« mit dem »Tatra« aus Osteuropa gekommen war, ist im Grunde gleichgültig. Mitte der 30er Jahre fingen jedenfalls zahlreiche Konstrukeure an, einen ganz neuen Faktor in ihre Karosserieentwürfe einzubeziehen, der sich Aerodynamik nannte. Die Versuche waren gewiß noch zaghaft und ungeschickt und manchmal kam ganz das Gegenteil von dem zustande, was beabsichtigt war, aber strömungsgünstig zu bauen gehörte von nun an zum Hauptziel jedes Konstrukteurs. Man war noch weit von den Berechnungen im Windkanal entfernt und dachte, daß alles, was aerodynamisch aussah, auch aerodynamisch sein müßte.

Die junge Firma SS Cars zollte dieser Mode, die nur wenig mit den Gesetzen des Luftwiderstands gemein hatte, ihren Tribut wie alle anderen Konstrukteure. Diese »Airline« getaufte Mode bestand darin, die Heckpartie in ein mehr oder weniger abgeschrägtes »Fastback« zu verwandeln, das im Profil gesehen Insassen- und Kofferraum in ein gemeinsames Volumen zusammenfaßte. Die Dachlinie setzte am oberen Ende der Windschutzscheibe an und zog sich in

stufenlosem Bogen bis zum äußersten Ende des Hecks hin. Die Kunst des Karosseriebauers bestand in der Verwirklichung eines perfekten Kurvenverlaufs, ohne sichtbare Änderung des Krümmungswinkels und einer ebenso harmonischen Einbeziehung der Außenspiegel und der Kotflügel in das Gesamtbild.

Alles fürs Profil, so könnte das Schlagwort des »Airline«-Stils lauten, denn der Konstrukteur bemühte sich zwar um ein zumindest optisch windschlüpfiges Heck, aber die Frontpartie wurde bei dieser pseudo-aerodynamischen Formgebung vollkommen außer Acht gelassen. Der Grill war flach und senkrecht, die Scheinwerfer von der Karosserie getrennt montiert und die Windschutzscheibe ragte ebenfalls fast senkrecht in die Höhe – keine Spur aerodynamischen Stylings. Diese flagrante Disharmonie zwischen Front und Heck ist beim SS One Airline von 1935 unübersehbar; es sieht aus, als hätten zwei Stilingbüros unabhängig voneinander am Entwurf gearbeitet. Dieser Trend profilierter Formgebung war im Grunde nur ein vom Modediktat angezündetes Strohfeuer. Der Jaguar-Firmengründer wollte nämlich um jeden Preis seine damals noch unbekannten Kreationen ins Licht der Öffentlichkeit rücken. Es ging ihm um die Anerkennung des Publikums, aber auch um diejenige seines Berufszweiges. Die Firma SS war damals noch ein Außenseiter und wenn man von der »Swallow-Coachbuilding«-Periode absieht, während der Lyons nur Austin, Morris, Fiat und Wolesley-Fahrwerke eingekleidet hatte, konnte sie auf eine gerade dreijährige Existenz zurückblicken, als im September 1934 der »SS One Airline« eingeführt wurde. Dieser neue Jaguar ergänzte die aus dem »Coach« (Coupé im Katalog), dem »Torpedo« (Tourer) und dem Cabriolet (Drophead Coupé) bestehende Modellreihe. Vier Karosserietypen für den einen »SS One« von einer neuen Firma, die bereits drei Karosserien für den SS Two

SS ONE AIRLINE

herausgebracht hatte, waren eine beachtliche Leistung.

Unter der Karosserie hatte der Rahmen des SS One als Basis für den Airline gedient. Ein Rahmen ohne Überraschungen, im Modegeschmack, ohne neue Lösungen. Auch der Motor war von klassischer Bauweise. Es gab zwei Varianten mit je 2143 cm³ und 2663 cm³ Hubraum. Wahrscheinlich wäre der neue Jaguar von Lyons Zeitgenossen unbemerkt geblieben, wenn sein Schöpfer nicht über eine geniale Mischung aus Bluff und Sinn für Formgebung verfügt hätte. Marktschreierische Reklame, theatralische Vorführung seiner Modelle, zugkräftige Werbeslogans, angeborener Sinn für Kommunikation und Flair für neue Modetrends – all das verkörperte William Lyons, allerdings mit einem zusätzlichen Trumpf, der ihm schließlich den ersehnten Vorsprung verschaffte: Er umgab sich für die technischen Fragen mit fähigen Ingenieuren und zeigte einen sicheren Geschmack beim Entwerfen traumhaft schöner Autos.

Die Londoner Ausstellung 1934 erwies sich als entscheidend für das SS-Markenimage, denn der neuen Firma wurde die besondere Ehre zuteil, ihre Modelle zusammen mit denen der »echten« Konstrukteure in den Räumen des alten Olympia-Palastes auszustellen, die den Konstrukteuren vorbehalten waren. Bis zu diesem Zeitpunkt hatte sich William Lyons mit den Räumlichkeiten der einfachen Karosseriebauer begnügen müssen – eine entwürdigende Tatsache für eine Firma, die sich als echten Automobilhersteller betrachtete.

1934 war für Lyons das Jahr der großen Herausforderungen. Verschiedene Faktoren machten es zu einem Schlüsseljahr der Firmengeschichte, zu denen vor allem die Presse, die Absatzkurve, der Export und der Automobilsport gehörten.

Die Modelle der Marke SS, von der Öffentlichkeit mit Staunen und Entzücken entdeckt, unterschieden

Modeeffekt oder Auswüchse des Airline-Stils, dem jeder Konstrukteur seinen Tribut zahlte – allen voran William Lyons.

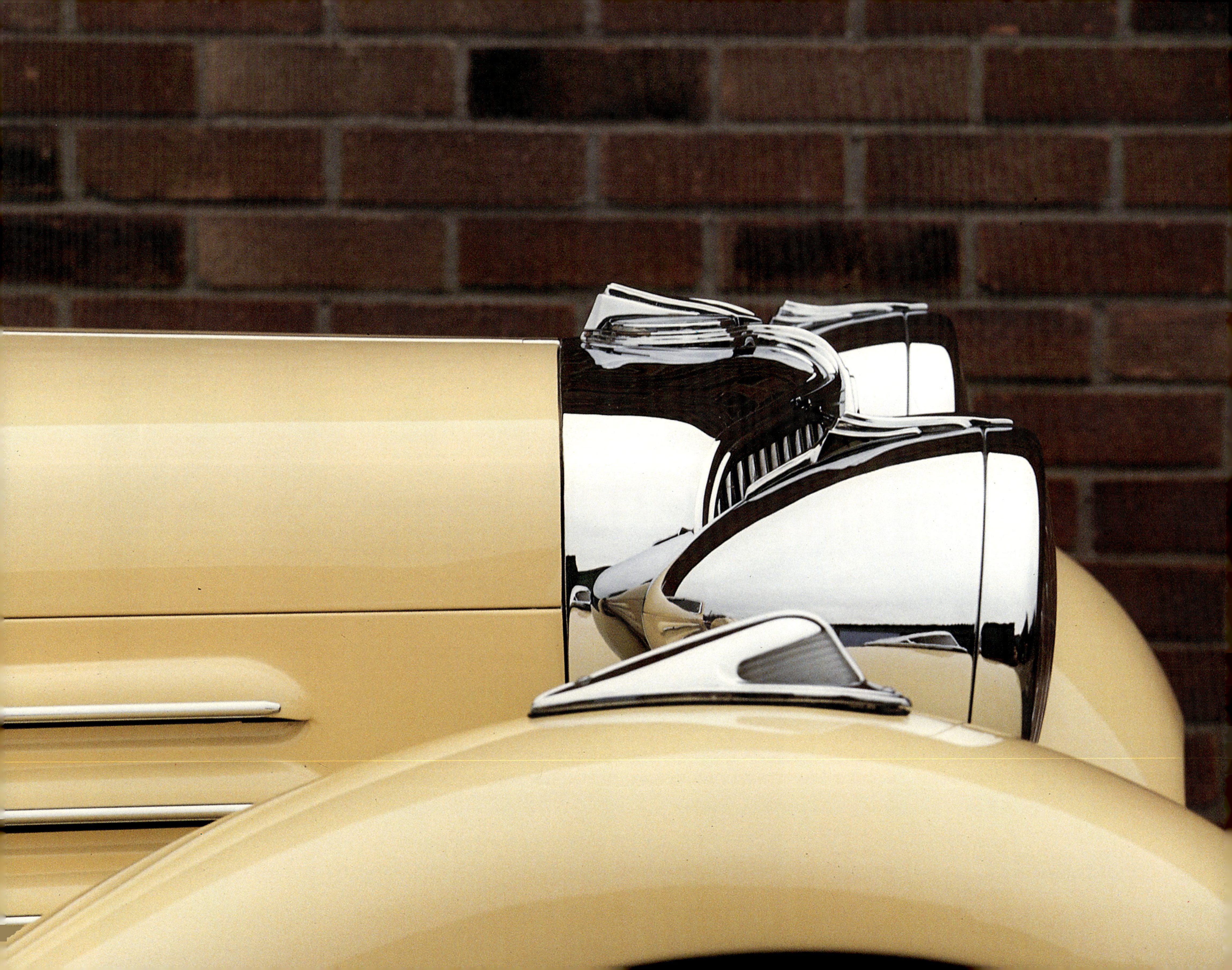

sich besonders vorteilhaft von der übrigen Automobilproduktion. Sie waren niedrig und besaßen eine ungewöhnlich lange Motorhaube – auf den Werbebroschüren hatte der Graphiker die Haubenlänge übertrieben betont, was dem SS One einen umwerfend sportlich-aggressiven Charakter verlieh; sie waren elegant und rassig, führten einen ganz neuen Stil ein, zeichneten sich durch eine besonders sorgfältige Verarbeitung aus (Leder und Edelholz) und in Ermangelung unschlagbarer Leistungen waren sie für einen unschlagbar niedrigen Preis zu haben.

Die beiden Motoren, der »Sixteen« (16 PS) und der »Twenty« (20 PS), wurden von der »Standard Motor Company« entwickelt und gebaut. Beide waren robuste Sechszylinder, die ausschließlich für die Firma SS hergestellt wurden und einige besondere Merkmale besaßen, zu denen ein spezieller Zylinderkopf gehörte; aber nur der »Big Twenty« ließ nennenswerte Leistungen zu. Dieser solide Block aus Gußeisen, ein überlanger, damals allgemein üblicher 73×106 mm-Motortyp, besaß eine ebenfalls lange, siebenfach gelagerte Kurbelwelle, die Standfestigkeit und Langlebigkeit des Triebwerks garantierte. Die einzelne seitliche Nockenwelle steuerte ebenfalls seitlich montierte Ventile. Der Antrieb erfolgte über eine Rollenkette mit automatischer Spannungsregelung. Über allem thronte der von Harry Weslake für SS Cars entworfene Leichtmetall-Zylinderkopf. Das Novum an diesem Bauteil war seine Gemischaufbereitung durch zwei mit abnehmbaren Ansaugstutzen verbundene RAG-Vergaser. Das Antriebsaggregat bestand demnach aus einem »Standard»-Kurbelgehäuse und einem »exklusively SS«-Zylinderkopf. Mit diesem ersten Schritt zur Autonomie im Motorenbau bewies William Lyons, daß er kein einfacher – wenn auch noch so erfinderischer – »Zusammenbauer« zu bleiben gedachte.

Schon in jenen Anfangsstadien war der Rennsport das Ziel des sportbesessenen William Lyons, weshalb

der SS One »Airline« seinem Vorgänger SS One in verschiedenen Details überlegen war: Er besaß eine neue Nockenwelle, ein höheres Verdichtungsverhältnis von 7:1 und, wie gesagt, RAG-Vergaser. Es war daher nicht verwunderlich, daß die SS-Baureihe – vor allem das Modell Airline – in den beiden bekanntesten britischen Fachzeitschriften *The Autocar* und *The Motor* Schlagzeilen machte. Der Testfahrer von *The Motor* erwähnte das »Talent in der Kunst der Profilgebung« des neuen Jaguar, seine überlange Motorhaube, Schalensitzen vorne und die komfortablen Rücksitze, den luxuriösen Innenraum, seine guten Fahreigenschaften, sein fahr- und neigungsstabiles Verhalten, seine Kurvenlage selbst bei hoher Geschwindigkeit, den optimalen Vorlauf der gelenkten Räder, der den Jaguar am Kurvenausgang mühelos wieder auf den richtigen Kurs brachte, das gut konzipierte Marles-Weller-Lenkgehäuse und die originellen vorderen Stoßstangen der Marke Wilmot-Breeden mit Stabilisierungs-Gegengewichten, mit denen die Front auch bei hoher Geschwindigkeit »immer schön richtungsstabil blieb«. Gemessen wurden 128 km/h Spitzengeschwindigkeit, in nur 26 Sekunden beschleunigte der Airline auf 105 km/h und 400 Meter legte er aus dem Stand in 22 Sekunden zurück.

Der Testfahrer und Journalist beendete seinen Bericht mit einem Abschnitt über die Bremsen, ihre Leistungsfähigkeit und den überraschend kurzen Bremsweg; es handelte sich hier natürlich um die 2,6-l-Version, mit der »vom Fahrer fast unbemerkt, eine hohe Durchschittsgeschwindigkeit von 110 km/h erreicht werden konnte«.

Der Konkurrent *The Autocar* gab für den zweitürigen 2,6-l-»Coach« (Leergewicht 1400 kg, wie der Airline) eine Höchstgeschwindigkeit von 133 km/h an und 24 s, um von 0 auf 96 km/h zu beschleunigen. William Lyons rieb sich vergnügt die Hände: Seine Neuschöpfungen waren im Gespräch, die Kommentare schmeichelhaft und ein Markenimage war im Entstehen, das vor allem bei sportlich interessierten Automobilisten auf größtes Interesse stieß.

Schon 1933 starteten vier »Tourer« SS One zur Internationalen Alpen-Rallye, einem berühmten und schwierigen Langstreckenrennen auf europäischem Boden, das durch die Schweiz, Italien, Österreich, Jugoslawien und Frankreich führt. 1934 waren sogar fünf SS One in Nizza am Start zum »Alpine Trial«.

So begann ein spannendes Abenteuer, eine Exklusivbeziehung zum Rennsport, voller Freude und Kummer, Ruhm und Tränen, Niederlagen und internationaler Anerkennung für die Marke SS, aus der später SS Jaguar wurde, bevor sich die Firma einfach Jaguar nannte. Eine phänomenale Karriere für den Sohn eines Wandermusikanten, der schließlich in Blackpool ansässig wurde. Ein phantastischer Aufstieg für den Autodidakten William Lyons, der über Jahrzehnte hinaus der Welt des Automobils Stoff zum Träumen gegeben hat.

Als letztes Kuriosum sei berichtet, daß Lyons den SS One Airline von allen seinen Schöpfungen am wenigsten schätzte. Weshalb? Vielleicht aus dem unbestimmten Gefühl heraus, daß er dieses eine Mal nicht selbst Mode gemacht hatte, sondern nur nach der Mode gegangen war. So wird verständlich, warum der SS One Airline nie Gnade vor seinen Augen gefunden hat.

Zubehör, Innenraumgestaltung, exklusive Details – der SS One zeichnete sich damals schon durch seine tadellose Endfertigung aus.

SS ONE AIRLINE

SS One 1934 »Airline«
2,6 Liter – 1934
Bohrung × Hub: 73 × 106 = 2663 cm^3
Reihen-Sechszylinder – Seitensteuerung
70 BHP – ca. 130 km/h
Sammlung ICS (GB)

ZEIT DES WAGEMUTS

Die Feststellung, daß es sich beim Cabriolet SS One mit 2,6 Litern Hubraum heute um die größte Rarität der Marke handelt, ist sicher keine Übertreibung. Die Wahrscheinlichkeit, diesen Oldtimer der Firma Jaguar zu Gesicht zu bekommen, ist so gering, daß ein Lotto-Sechser sich dagegen wie eine Alltagserscheinung ausnimmt. Es gibt noch etwa zehn von ihnen auf der Welt, darunter sind nur fünf zweifelsfrei registriert, zwei in England, zwei in den USA und eins in Holland.

Es war der reine Wahnsinn für einen dreiunddreißigjährigen Automobilfabrikanten, Leiter einer erst drei Jahre alten Firma, im Jahr 1934 eine komplette Baureihe anzubieten: zwei Basismodelle, SS One und SS Two, die mit jeweils drei Karosserietypen zur Verfügung standen: als Coach (Cabriolet), Tourer und Coupé »Airline«. Hinter diese scheinbaren Kräftezersplitterung stand die Absicht William Lyons, mit einem vielseitigen Modellprogramm einen möglichst großen Käuferkreis anzusprechen. Unter den gegebenen Umständen wären schon zwei neue Typen eine beachtliche Leistung gewesen – aber gar sechs anzubieten war damals einfach undenkbar. Als ob das nicht genügte, brachte die junge Firma knapp ein Jahr später, 1935, weitere Neuheiten heraus: den Sport-Roadster SS One 90, besser unter der Bezeichnung SS 90 bekannt, der sozusagen als Generalprobe für den legendären SS 100 und das berühmte Cabriolet SS One gelten kann.

Trotz dieser verschwenderischen Fülle von Modellen wurden nur zwei Rahmentypen gebaut: einer für den SS One mit Sechszylindermotor und ein zweiter für den SS Two mit Vierzylindermotor. Aber das erstaunlichste an der vielseitigen Baureihe der »SS Cars« war die Tatsache, daß für die beiden Basismodelle jeweils zwei Motorvarianten zur Verfügung standen, nämlich mit 2,1 und 2,6 Liter Hubraum für den SS One und mit 1,3 und 1,6 Liter Hubraum für den SS Two. Im Frühjahr 1935 waren demnach ein

paar Wochen lang gleichzeitig zehn Versionen der beiden Basistypen in Produktion, zu denen das Nachfolgemodell SS One 90 gerechnet werden muß. Schließlich schränkte William Lyons die Zahl der Modelle mit der Einführung der neuen Baureihe wesentlich ein.

Der Sportroadster SS One 90 und das Cabriolet SS One wurden im März 1935 gleichzeitig herausgebracht, der erste auf einer verkürzten Variante des SS One-Fahrgestells und der zweite auf dem normalen Rahmen. Ein schöner Doppelerfolg in jenem Frühjahr 1935, in dem Lyons viel aufs Spiel setzte. Einen Sportroadster anzukündigen, der nur vom alten 2,6-Liter-»Standard Motor« mit seitlicher Ventilsteuerung angetrieben und mit 90 Meilen pro Stunde angekündigt wurde, war keine leichte Aufgabe. Der Motor mußte bearbeitet und mit Methanol betrieben werden, um die magische 90 Meilen-Grenze (144 km/h) überhaupt zu erreichen, denn wenn der biedere und robuste 2,6-l-Motor auch zahlreiche Qualitäten besaß, so fehlte ihm doch das Temperament, das man von einem Sportwagen eigentlich erwarten darf.

Das Cabriolet SS One, »Drophead Coupé« genannt, war ein viersitziges Modell, das – im Gegensatz zum seitlich nur durch abnehmbare Scheiben geschützten Tourer – richtige Schiebefenster und ein Verdeck besaß, das vier Personen auch bei regnerischem oder windigem Wetter ausgezeichneten Reisekomfort bot. Dieser Karosserietyp nannte sich daher auch »Allwetter-Cabriolet«, um seiner vielseitigen Verwendbarkeit Ausdruck zu geben. Die Eleganz und das einfallsreiche Konzept des Drophead-Coupés SS One machten diese offene Version zum vielbestaunten Kuriosum, denn William Lyons hatte mit dem im Kofferraum versenkbaren Verdeck wieder einmal etwas Neues erfunden. Ob es sich um ein von Lyons erfundenes oder entlehntes Verfahren handelt, ist nicht genau festzustellen – zumindest war es einfallsreich. Mittels zwei von Hand zu betätigender ver-

Ein echtes Cabriolet, dessen Besonderheit in seinem im Kofferraum versenkbaren Verdeck bestand.
Dieses Cabriolet ist zweifellos die attraktivste Version der SS-Baureihe.

chromter Dachspriegel wurde das Verdeck in Position gebracht. Es gab keine Fond-Ausstellfenster und die Schiebefenster besaßen keine Einfassungen; das Verdeck war ungefüttert und in geschlossener Position bot das winzige Heckfenster nur eine stark eingeschränkte Sicht nach hinten. In offener Position verschwand das zusammengefaltete Verdeck in einem im oberen Teil des Kofferraumes befindlichen, mit einer Klappe versehenen Fach, so daß nur die seitlichen Dachspriegel sichtbar blieben. Dieses Kunststück war wegen des platzsparenden, ungefütterten und ungepolsterten Verdecks und des schmalen Spriegelsystems möglich geworden. In Cabrio-Position und im Profil gesehen kam die sportlich-elegante Linienführung besonders gut zur Geltung. Keinerlei vorspringende Teile unterbrachen die Reinheit der Linien, die sich von der Haubenspitze bis zum Kofferraum hinzogen. Dieser besonders gelungene Entwurf von makelloser Eleganz bestach sofort durch seinen sportlichen, aber auch ausgeprägt eigenwilligen Charakter. Das Cabriolet war im Bemühen um Vereinheitlichung der Modelle nach dem gleichen Entwurf und mit den gleichen Komponenten entstanden wie der »Tourer« und der »Coach«. Alle drei Modelle besaßen die gleiche lange Haube, den typischen SS One-Kühler, die gleiche Frontpartie und die gleichen gestreckten vorderen Kotflügel, die Front und Heck in einem schrägen Bogen miteinander verbanden; auch die hinteren Kotflügel waren unverändert geblieben. In der SS-Baureihe wich nur das »Airline«-Coupé mit seinen spezifischen vorderen Kotflügeln und seiner Serie-2-Haube mit waagerechten Belüftungsschlitzen vom markentypischen Image ab. Wie seine Schwestermodelle und im Gegensatz zum SS 90 war das Cabriolet nach dem Prinzip »Aluminium-über-Holz-Aufbauten« entstanden, was das Leergewicht auf knapp anderthalb Tonnen erhöhte. Wie anfangs festgestellt, standen als Kraftquelle zwei von der »Standard Motor Co« stammende

PETIT RESTAURANT
TERRAS BELEGDE BROODJES HEINEKEN

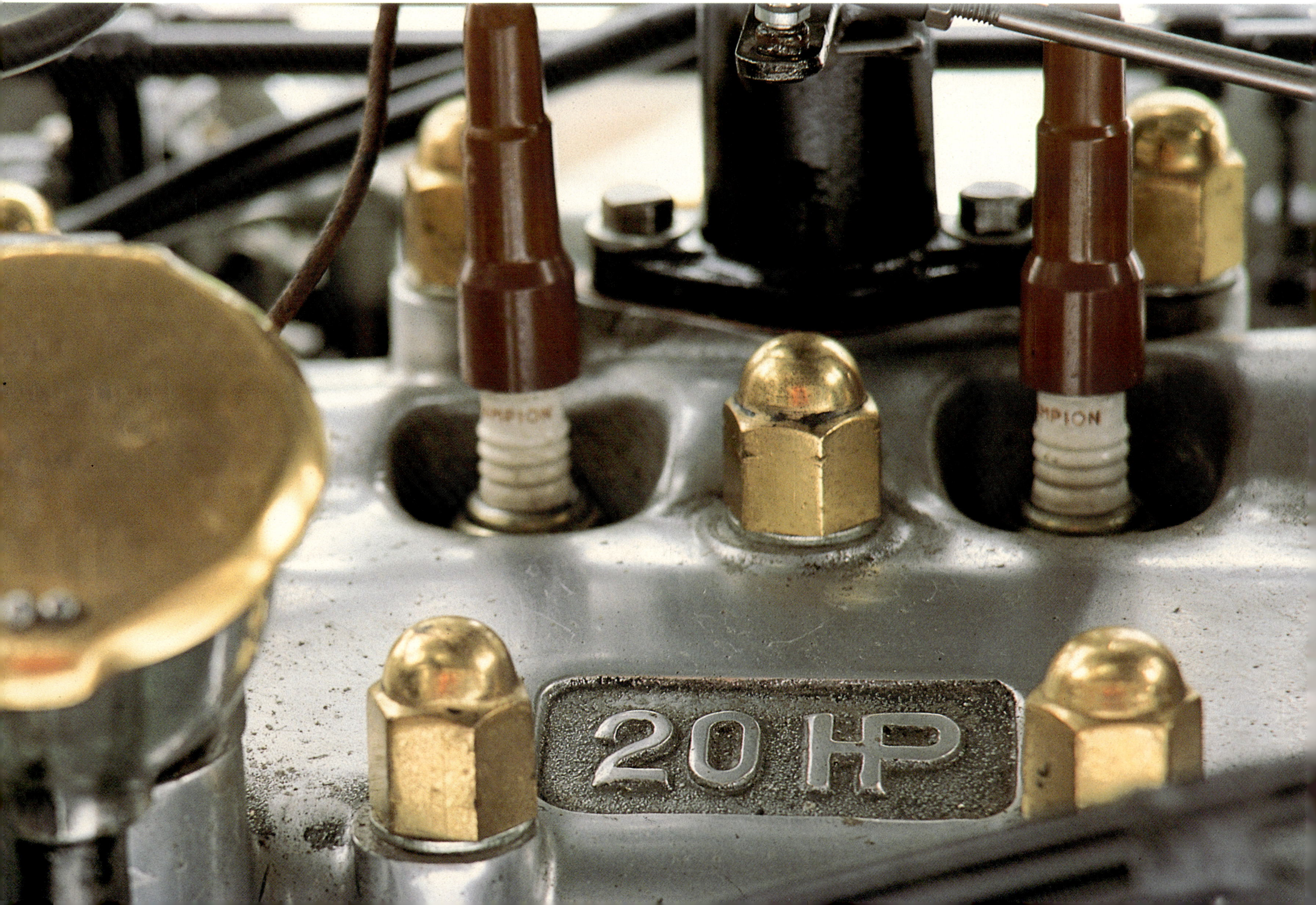
20 HP

Motorvarianten zur Verfügung, der 16 HP »Sixteen« und der 20 HP »Twenty«, deren Zylinderköpfe vom Werk überarbeitet worden waren. Harry Weslake, unabhängiger Berater der Firma, hatte bereits im Auftrag der SS Cars Ltd der mageren serienmäßigen Leistung des Standard-Motors einige PS mehr entlockt. Von ihm stammt der Entwurf eines Leichtmetall-Zylinderkopfes; 1935 verbesserte er die Leistung des »Standard-Twenty« erneut mit einer neuen Nokkenwelle, Kolben mit gewölbterem Boden, die das Verdichtungsverhältnis erhöhten und zwei RAG-Vergasern zur optimaleren Gemischaufbereitung. Die interessanteste der beiden Varianten war natürlich der 2,6-l-Motor, das 2,1-l-Triebwerk befand sich nur aus steuerlichen Gründen im Katalog, denn das Cabriolet wurde mit den beiden Motoren zum nahezu gleichen Preis angeboten (mit fünf Pfund Unterschied), und der 2,6-l-Motor verbrauchte nicht mehr als die 2,1-l-Version.

Das Interieur des Cabriolets war besonders attraktiv; es besaß wie der Coach und der Tourer zwei mit Armstützen versehene getrennte Rücksitze und zwei Frontsitze mit Klapplehnen, die das Einsteigen zu den Rücksitzen erleichtern sollten. Der ganz mit Leder verkleidete Innenraum wirkte luxuriös, elegant und gemütlich; die Sitze waren komfortabel, das Design originell, vor allem was die Verkleidung und Gestaltung der Türinnenseiten betraf – alles strahlte erstklassige Qualität aus. Die zahlreichen Hebel und Schalter zur Kontrolle des Motors und das dem Fahr- und Bedienungskomfort gewidmete Zubehör besaßen bereits den unnachahmlichen markentypischen Charakter.

Die komfortablen Sitze glichen die etwas zu straffe Federung aus, dennoch hing das Fahrverhalten weitgehend von der Qualität der Reifen und deren Verschleiß ab. Mit guten Reifen auf trockenen Straßen mit einwandfreiem Streckenbelag blieb die Haftung zufriedenstellend; im gegenteiligen Fall liegt die

Es war eines der letzten Modelle mit seitlichem Ventiltrieb.

Schlußfolgerung auf der Hand.
Die 18-Zoll-Drahtspeichenräder mit Zentralverschlußnabe der Marke Rudge Whitworth, wie sie das Cabrio SS One besaß, waren damals überall zu sehen. Die riesigen Reifen mit schmalem Wulst im charakteristischen Motorrad-Stil bleiben nicht ohne Einfluß auf das Fahrverhalten: beim Bremsen neigte das Cabriolet zum Rutschen und in den Kurven wurden die Insassen hin und hergeschüttelt, aber das Gesamtverhalten blieb zuverlässig und das Cabriolet konnte sich im Vergleich zur Konkurrenz einer eher guten Straßenlage rühmen.

Eine echte Leistung für eine so junge Firma wie SS Car, vier Karosserietypen für ein- und dasselbe Modell anzubieten: das Coupé »Airline«, den Tourer, das »Drophead Coupé« und den »Coach«. Das reich bestückte, originell gestaltete Instrumentenbrett ist selbst für blasierte Kenner eine Augenweide.

SS ONE

SS One »Coach«
2,6 Liter – 1935
Bohrung × Hub: 73 × 106 = 2663 cm³
Reihen-Sechszylinder – Seitensteuerung
70 BHP – ca. 130 km/h
Sammlung Philippe Renault (F)

SCHNAUZE MIT KLASSE

Ein Traum aus Leichtmetall auf einem gußeisernen Block: der SS 90 besaß alle Merkmale eines idealen Sportwagens, wie ihn ein von der damaligen Epoche begeisterter Automobilsportler zusammengestellt hätte, wenn er sich überall das Schönste und Beste aus der britischen und europäischen Automobilproduktion hätte aussuchen können. Der SS 90 war eine geniale Synthese, die sich gleich bei der Einführung als eine der schönsten Realisationen im Automobildesign erwies: sie strahlte Harmonie, Rasse und Potenz aus; die Harmonie der Linien, die Wahl des Leichtmetalls für die Karosserie, alles zeugte von einer noblen Abstammung, kurz und gut, es war ein Exklusivauto.

Aber schließlich mußte doch ein Blick unter die prachtvolle, mit falschen Belüftungsschlitzen (Louvers) geschmückte, geteilte Haube geworfen werden: Enttäuschung, denn dort gab es nichts Außergewöhnliches oder Neues. Die Firma SS Cars hatte mangels einer geeigneten Maschinenausrüstung zur Fertigung firmeneigener Motoren bei einem größeren Konstrukteur »einkaufen« müssen – in diesem Fall bei der Firma Standard Co – bevor sie kleinere Modifikationen vornehmen konnte, um der Standard-Mechanik ein persönlicheres Gepräge zu geben und ihr Können zu beweisen. Der Motor, den der Interessent unter der phantastischen Haube entdeckte, war der 2,5-l-Typ mit seitlicher Ventilsteuerung, dem gußeisernen Kurbelgehäuse und dem ebenfalls gußeisernen, von zwei RAG-Vergasern versorgten Zylinderkopf. Als einziges Symbol einer Spur von Lebensart besaß der SS 90 Alupleuel und eine Verdichtung von 7,2:1.

Kenner haben sofort den Standard-Motor erkannt, der erst vor kurzem den 2,1-l-Motor im SS One ersetzt hatte. Dieses neue 2,5-l-Triebwerk (das in Wirklichkeit einen Hubraum von 2663 cm³ besaß), verbesserte das Drehmoment des SS One ein wenig, aber der Zuwachs war nicht der Rede wert. Selbst

William Lyons machte sich keine Illusionen über die sportliche Eignung des »Roadster« SS 90: »Er könnte nicht mal die Haut eines Reispuddings zum Erbeben bringen«. Aber mit der jungen Menschen eigenen Selbstsicherheit taufte Lyons seinen Sportroadster »SS One 90«, wobei 90 für die theoretisch erreichbare Geschwindigkeit stand, 90 miles per hour oder 145 km/h. Niemand hat je dieses Tempo mit einem normalen SS 90 erreicht, es sei denn am Ende einer langen Gefällstrecke oder mit einem Treibstoffgemisch aus Methanol und Äther. Aber eigentlich ist das gleichgültig. Die Bedeutung des SS 90 in der Geschichte der Marke liegt nicht in seinen Fahrleistungen, sondern in der Tatsache, daß er der Stammvater des genau ein Jahr später erschienenen sagenhaften SS 100 war, der in der 3,5-l-Version seine Kennziffer voll und ganz verdiente.

Die 23 von März bis November 1935 zusammengebauten Exemplare des SS 90 hatten daher eher symbolische Bedeutung. Man würde vergeblich nach einer Siegesbilanz in Rallyes oder von Automobilklubs organisierten Rennen suchen: der SS 90 war mehr für Schönheitswettbewerbe als für die harte Wirklichkeit der Rennstrecken geschaffen. Die von 70 PS angetriebenen 1150 kg Leergewicht waren zum Geschwindigkeitsrausch wenig geeignet, aber mit dem SS 100-Nachfolger kamen auch die nötigen Pferdestärken.

Von den 23 gebauten SS 90 wurde nur ein einziges Exemplar nach Frankreich geliefert. Philippe Renault war so freundlich, uns dieses hervorragend wiederhergestellte Exemplar zur Verfügung zu stellen. Die Geschichte dieses Jaguar ist es wert, erzählt zu werden:

Der SS 90, viertes Exemplar der Serie, verließ mit den Nummern 248479 für das Fahrgestell, 249288 für den Motor und 4716 für die Karosserie im Mai 1935 das Werk in Foleshill.

Kurz nach Kriegsende wurde der SS 90 den ersten –

SS ONE 90

verheerenden – stilistischen Modifikationen unterzogen. Auf Wunsch seines zweiten Eigentümers, eines in Frankreich lebenden dänischen Diplomaten, entwarf ein unbekannter Karosseriedesigner neue vordere und hintere Kotflügel. Es war damals durchaus üblich, ein Auto neu zu karossieren oder eine Karosserie zu überarbeiten, um das Fahrgestell einer guten Marke nach der letzten Mode einzukleiden. Bis in die 40er Jahre wurden viele teure Modelle ohne Karosserie an ihre Eigentümer geliefert und von gerade besonders gefragten Designern karossiert.

Der modifizierte SS 90 entsprach jetzt mehr dem Modegeschmack. In dieser Aufmachung landete er bei einem Pariser Händler für Sportmaschinen, einem gewissen Lamberyak; dieser verkaufte ihn an M. de Saint-Pierre weiter, der den SS 90 schließlich Ende der 50er Jahre gegen einen Renn-Bugatti eintauschte.

Dann tauchte das Exemplar im Departement Ille-et-Vilaine auf, wo es sein Privatleben als schlichtes Auto für den Alltagseinsatz beendete, bevor die zweite, nicht weniger interessante, »offizielle« Phase seiner Existenz begann: Zwischen Enghien-les-Bains und Dueil-la-Barre verrosteten vier Autos schon seit Jahren auf einem Feld, bis eines Tages jemand anhielt und die Fahrzeuge genauer in Augenschein nahm. Dieser jemand war Philippe Renault, ein 27 Jahre junger Sammler, der schon im Alter von zwanzig Jahren seinen ersten Jaguar, einen XK 150 S, gekauft hatte. Philippe Renault erwarb die vier Modelle für 5000 Francs (das war im Jahr 1966). Neben dem SS 90, dessen Geschichte wir hier beschreiben, befanden sich zwei Delahaye, darunter ein Typ 235, sowie ein »Coach» von Talbot. Philippe Renault behielt nur den SS 90 und trat den 235 an Serge Pozzoli (für 1000 Francs) und den Talbot an Bernard Pigelet ab. Alles in allem kam der Jaguar also auf 1500 bis 2000 Francs, was kein übertriebener Preis war, wenn man die Rarität des SS 90 bedenkt. Damals hatten Kenner der Branche und Sportliebhaber nur Verachtung für einen Motor mit veralteter Ventilsteuerung; niemand hätte deshalb riskiert, eine derart gewöhnliche Mechanik wiederherstellen zu lassen.

So begann eine erste »Restaurierung«, die dem 90 seine Original-Karosserie wiedergeben sollte. Adieu, seitlich umfassende Kotflügel aus Stahl, adieu, unorthodoxes Zubehör aller Art – jetzt begann die Jagd auf Originalbauteile!

Die zweite Wiederherstellungsphase, oder besser: die eigentliche Restaurierung, wurde 1981 bei einem berühmten britischen Spezialisten der Modelle dieser Baureihe unternommen. David Barber brauchte zehn Jahre, um dieses enorme Programm zu bewältigen. Ihm verdanken wir es, heute einen der ganz seltenen authentischen SS 90 bewundern zu können. Es hat sich zweifellos gelohnt.

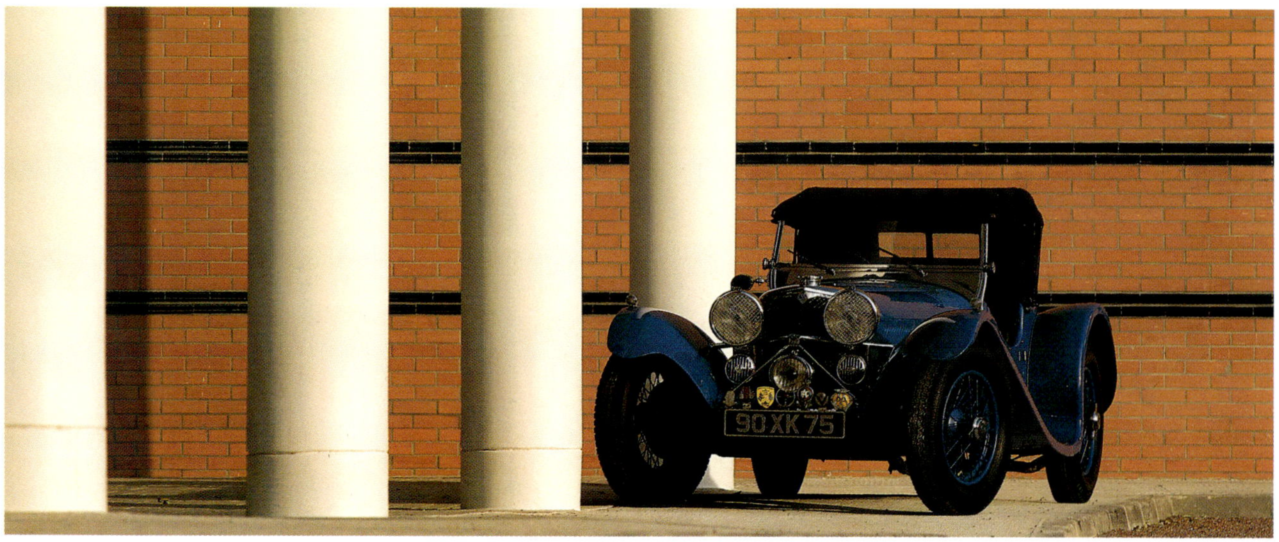

Die erste Schöpfung für den offiziellen Renneinsatz. Eine atemberaubende Linie und ein symbolischer Name, aber unter der Haube herrschte immer noch der seitliche Ventilmechanismus.

Der SS One 90 ist eine Rarität unter den Raritäten, von der im Laufe des Jahres 1935 nur 23 Exemplare gebaut wurden.

SS ONE 90

SS One 90
genannt SS 90 – Roadster – 2,6 Liter – 1935
Bohrung × Hub: 73 × 106 = 2663 cm³
Reihen-Sechszylinder – Seitensteuerung
72 BHP – ca. 145 km/h
Sammlung Philippe Renault (F)

OLD NUMBER EIGHT

Einfach verrückt, so könnte man die ungewöhnlichste Version der Baureihe SS 100 bezeichnen, die achte dieses Namens, »Old Number 8« genannt. Seine Fahrgestellnummer 18008 bedeutet für Eingeweihte, daß er 1935 als 2,5-l-Version gebaut worden war. Weshalb 2,5 l? Weil für den ganz neuen SS 100 kein anderer Hubraum angeboten wurde und weil es 1935 bei SS Cars noch keinen größeren Hubraum gab. Der achte SS 100 begann daher auch eine seinem »Standard«-Motor angepaßte Laufbahn ohne große Überraschungen. Für die Version 1936 waren zahlreiche Neuheiten angekündigt, darunter vor allem ein neuer Zylinderkopf. Mit dieser bedeutsamen Veränderung wechselte Jaguar in das Lager der Produzenten kipphebelbetätigter Triebwerke über, während die Firma bisher nur langweilige Motoren mit seitlicher Ventilsteuerung hergestellt hatte. Endlich verdiente der SS 100 seinen Titel »Sportwagen«, selbst wenn die angekündigten 100 Meilen/Stunde auf gerader Strecke noch nicht erreicht wurden. Harry Weslake war der Urheber dieses gußeisernen Zylinderkopfes mit seinen auf jeder Seite getrennt untergebrachten Ein- und Auslaßwegen, über Stößelstangen und Kipphebel betätigten hängenden Ventilen, und seiner immer noch seitlichen Nockenwelle. Es war zwar kein revolutionäres, aber dafür ein intelligent konzipiertes, schönes Stück Mechanik. Mit der angekündigten Leistung erreichte der SS 100 endlich die 100 mp/h-Grenze (genau 103 mp/h) – ein mehr als akzeptables Tempo für ein Triebwerk mit nur 2663 cm^3 Hubraum. Der gleiche Block von »Standard Motor Co« gab mit dem herkömmlichen Zylinderkopf mit seitlich stehenden Ventilen nur müde 70 PS ab. Zwischen dem SS 90 und dem SS 100 gab es mehr Unterschiede, als man auf den ersten Blick vermuten konnte: Eine neue Burman-Douglas-Spindellenkung, eine neue Gestängebremse statt der Seilzugbremse des SS 90, eine neue Hinterradaufhängung und Felgen mit Kerbzahnnabe der Marke Dunlop ersetzten

die Rudge-Whitworth-Felgen. Äußerlich war die neue Version sofort an einigen Details zu erkennen, zu denen ein mit einem Wappenschild geschmückter Grill, ein am oberen Schnittpunkt der Scheinwerfer-Dreieckstreben eingepreßtes Markenschild und ein Tank mit leicht abgeschrägter Rückseite gehörten. Mit dem SS 100 begann die eigentliche Rennsportkarriere der Firma. Der erste SS 100, der in einer Rallye antrat, war die Nummer 8 (Fahrgestell 18008), ein serienmäßiges Exemplar mit reiner »Standard«-Technik und originaler 103-PS-Motorleistung.

In der Internationalen Alpenrallye 1936 startete der 18008 mit dem Ehepaar Tommy und Elsie Wisdom. Der »Old Number 8« kam ohne Strafpunkte davon, beendete das Rennen mit der höchsten Punktzahl und gewann den »Gletscherpokal«. Dieser erste Sieg rückte den Sportwagen in den Mittelpunkt des Interesses. Nach Foleshill zurückgekehrt, verwandelten ihn die Jaguar-Techniker in eine Art technisches Versuchslabor. Seine Zulassungsnummer BWK 77 erlangte schnell Berühmtheit und in Rallyes und Trials war der SS 100 bald die Nummer 1, die es zu schlagen galt.

Der BWK 77 wurde als offizieller Vertreter der Marke im Bergrennen von Shelsley Walsh eingesetzt, aus dem er – wieder unter »Sammy« Newshome – als Sieger hervorging. 1937 kam er in der Gesamtwertung der Rallye RAC hinter einem anderen SS 100 als Zweiter ins Ziel. Mit der Rallye von Wales im gleichen Jahr setzte der SS 100 seinen Siegeszug fort, den nichts und niemand aufhalten zu können schien. In Frankreich holte sich Mac Evoy auf einem anderen Exemplar der Baureihe (18007) den Grand-Prix der Marne vor gefürchteten Rivalen mit großen Hubräumen wie Bugatti, Delahaye oder Talbot.

Als der neue 3,5-l-Motor im Herbst 1937 Produktionsreife erreicht hatte, wurde er umgehend in den BWK 77 eingebaut. Endlich war der ideale Hubraum erreicht; mit ihm ging der SS 100 wirklich als

Legende in den Automobil-Rennsport ein und SS Jaguar in den Mythos der großen Marken. In Shelsley Walsh konnte Sammy Newshome mit 45,5 s auf brillante Weise seinen Vorjahresrekord (51,6 s) verbessern. Aber der 3,5-l-Motor war bereits kein richtiges »Standard«-Fabrikat mehr, Wally Hassan und Harry Weslake hatten es zum Paradestück ihrer waghalsigsten technischen Neuerungen gemacht. Von nun an schien nichts mehr dem Trend nach ständiger Leistungssteigerung Einhalt gebieten zu können. 1937 wurde der 3,5-l-Motor 18008 mit superleichten und superkurzen Spezialkolben ausgestattet, die zu einer Verdichtung von 13,9:1 führten. Eine Magnetzündung vom Typ »Scintilla« machte den Block leichter und Batterie sowie Dynamo überflüssig. Gleichzeitig wurde der 18008 seiner Scheinwerfer entkleidet und erhielt vorne 17- und hinten 16-Zoll-Rennreifen (statt der serienmäßigen 18-Zoll-Reifen). So präpariert, wurde er lange auf der Brooklands-Rennstrecke getestet, wo er 190 km/h erreichte. Das war aber erst der Anfang, denn William Heynes, Chefingenieur des Werks in Foleshill, arbeitete an einem Bronze-Zylinderkopf und verstärkten Spezialkolben, mit denen ein Verdichtungsverhältnis von 17,5:1 erreicht werden konnte. Bei einem solchen Motor mußte auf Methanol als Kraftstoff zurückgegriffen werden, denn das gute alte Superbenzin hätte solchen Verdichtungsdrücken nicht standgehalten, ohne zu explodieren. Im höchsten Drehzahlbereich gab der 3,5-l-Motor 150 PS ab und verbrauchte die Kleinigkeit von 100 Litern auf 100 km.

1937 siegte der 18008 im »Great Handicap Run« in Brooklands mit 12 s Vorsprung vor dem BMW 328, dem großen Rivalen der Epoche. Der Zylinderkopf des 18008 wurde noch einmal überarbeitet, der Rahmen neu entworfen und verkürzt, der Motor weiter nach hinten verlegt, eine neue einsitzige Karosserie angefertigt; Aufbau und Rahmen wurden maximal erleichtert. Nach dieser Vorbereitung trat der SS 100

Jaguar-Mythos in reinster Form. Old Number Eight ist das berühmteste, exklusivste, schnellste etc. Modell der Reihe, ein Auto der Superlative.

Die doppelten Hinterräder und seine schmucklos-nüchterne Erscheinung betonen noch den aggressiven Charakter dieses ungewöhnlichen SS 100.

in Shelsley Walsh an, wo Sammy Newshome mit 42,9 s die je von einem Saugmotor-Modell erreichte Bestzeit unterbot. Dann erhielt der 18008 hinten Zwillingsräder, mit denen auf der Brooklands-Rennstrecke am Ende der Geraden die damals unvorstellbare Geschwindigkeit von 225 km/h gezeitet wurde; eine Runde schaffte er mit 201 km/h im Schnitt, bevor die Kurbelwelle streikte und einen Start unmöglich machte.

Während des Krieges diente der Zylinderblock des 3,5-l-Motors als Basis für die Entwicklungsarbeiten am zukünftigen XK. Nach Kriegsende baute man den bewährten 3,5-l-Motor wieder zusammen und erhöhte seine Leistung auf 171 PS bei 4500/min. 1949 wurde das Exemplar 18008 an George Matthews verkauft, der den »Old Number 8« selbst nach fünfzehnjährigem Renneinsatz noch zu sportlichen Wettbewerben antreten ließ. 1950 kam »Old Number 8« auf der Piste von Boreham von der Strecke ab und wurde stark beschädigt. Danach wechselte er mehrmals den Besitzer, bis David Barber 1968 das Exemplar erstand. Dann begann eine zwei lange Jahre dauernde originalgetreue Wiederherstellung. 1973 entwickelte Barber einen neuen 3-l-Motor für den Jaguar, der aus einem 2,5-l-Zylinderblock, einem 2,5-l-Zylinderkopf, einer für einen 3,5-l-Motor bestimmten Kurbelwelle und 76-mm-Kolben zusammengebaut war. Das Experiment schlug fehl; der 3-l-Spezialmotor wurde wieder ausgebaut und Barber griff auf das verbesserte 3,5-l-Triebwerk zurück, mit dem der SS 100 1974 in Silverstone siegte. Dann ging David Barber aufs Ganze und baute einen Kompressor ein: man sprach von 350 SAE-PS bei 6000/min. Der aufgeladene »Old Number 8« kam in Silverstone mit einem Rundenrekord von 1.08,2 min vor dem Maserati 250 F unter Pat Lindsay ins Ziel. 1978 ging der 18008 in den Besitz Philippe Renaults über. Zu diesem Zeitpunkt besaß das Exemplar wieder den 3,5-l-Saugmotor mit dem EXPR-3-Zylinderkopf.

SS 100

SS 100 »Brooklands«
Roadster – 3,5 Liter – 1935
Bohrung × Hub: 82 × 110 = 3485 cm^3
Reihen-Sechszylinder – Ventiltrieb über Kipphebel
140–180 BHP – ca. 225 km/h
Sammlung Philippe Renault (F)

SS JAGUAR 3,5 LITER

POMP AND CIRCUMSTANCES

Das Ende des Jahres 1937 brachte eine entscheidende Wende in der Geschichte der Firma »SS Cars«. Auf die Holzära folgte die Ganzstahlära. Die Notwendigkeit, schneller zu bauen und die Produktion zu vereinheitlichen und zu rationalisieren, machte den vorsintflutlichen Konstruktionsmethoden ein Ende. Die beiden William – Lyons und Heynes – gaben die Mischbauweise endgültig auf und organisierten den Produktionsablauf völlig neu. Die Schreinerwerkstätten, in denen es so gut nach Sägemehl und Holzleim roch, mußten neuen Produktionsanlagen Platz machen. Nur ein kleiner Bereich blieb auch in Zukunft noch der Fertigung von Prototypen und Spezialkonstruktionen mit Holzteilen vorbehalten.

Innerhalb kurzer Zeit hatte sich die bisher unbedeutende Firma SS auf dem Automobilsektor einen Platz verschafft. 1931 war das Gründungsjahr der Firma »SS Cars«; 1935 kam die erste Wende mit dem Sportwagen SS 100 und der viertürigen 2,5-l-Limousine; 1937 stellte mit der Aufgabe der Holzstrukturen und der Einführung des 3,5-l-Motors ein weiteres wichtiges Datum dar. In den sechs Jahren seit der Gründung hatten Lyons und sein Team schon viel geleistet, denn während sie sich auf die Ganzstahlmethode umstellten, entwickelten sie gleichzeitig mit dem SS 100 einen phantastischen Sportwagen und eine unvergeßliche zweitürige Limousine in einer 2,5- und einer 3,5-l-Version. Letztere blieb dank einer kompromißlos klassischen Linienführung – wahrscheinlich das Musterbeispiel der zeitlosen britischen Limousine überhaupt – auf Jahre hinaus die Haupteinnahmequelle der Firma.

Dann tauchte hinter den Initialen SS der Markenname »Jaguar« auf; der bloße Doppelbuchstabe schien William Lyons als Firmenbezeichnung etwas zu dürftig; außerdem klang er nicht markant genug und man war sich über seine Bedeutung nicht im klaren. Lyons hatte sich als geschickter Werbefachmann übrigens gehütet, Klarheit über die Bedeutung

der beiden Buchstaben zu verschaffen – vielleicht weil er selbst nicht genau wußte, für was »SS« denn nun wirklich stand. Die Firma hatte sich 1921 zwar »Swallow Side-Car Company« genannt, aber es gab wahrscheinlich keinen Zusammenhang mehr zwischen dem 1931 eingetragenen neuen Firmennamen und den Initialen der Originalfirma. Verschiedene Hypothesen wie »Standard-Swallow«, »Swallow-Standard«, »Standard Special« und sogar »Super Sport« boten sich als Erklärung an. Die Hypothese einer Verbindung mit dem Namen »Standard« ist glaubwürdig, denn das Abkommen zwischen Lyons und dem Leiter der »Standard Motor Co« ging zweifellos über das Verhältnis einer Zulieferfirma zum Konstrukteur hinaus. Aber im Grunde ist die wirkliche Bedeutung der Initialen gleichgültig; wesentlich waren nur die Fabrikate, die unter diesem Namen entstanden, und diese verdienten das Interesse, das ihnen zuteil wurde: Nach den »SS One« und »Two« entstanden die viertürige Limousine mit zwei Motorvarianten (2,5- und 3,5 l) und eine Limousine in Kleinformat, ebenfalls mit vier Türen, die von einem 1776 cm³ großen Vierzylinder angetrieben wurde.

Da dieser 1,5-l-Mini-Limousine der gleiche Erfolg beschieden war wie der großen Limousine, wurden nur noch viertürige Limousinen in Produktion genommen und die Erfolgsmodelle der Vorjahre, der Tourer und das zweitürige Sportcoupé, ganz aus dem Programm gestrichen. Die einzigen Ausnahmen bei dieser Straffung der Produktpalette waren der Roadster SS 100 und ein von der Limousine abgeleitetes Cabriolet. In sechsjähriger Produktionsdauer entstanden 308 Roadster SS 100, etwa bescheidene 50 Exemplare jährlich. Dagegen verließen von 1938 bis 1940 und nach Kriegsende zwischen 1945 und 1948 insgesamt 1861 Cabriolets das Werk in Foleshill. Die große Tradition des britischen »Know-how« – insbesondere diejenige der Firma Jaguar – hat in den prachtvollen, rassigen Automobilen der Marke, an

Klassizismus pur: unmöglich, auch nur ein einziges Detail zu verändern, wenn der Eindruck absoluter Perfektion erhalten bleiben soll.

deren Entstehen zahlreiche talentierte Handwerker wie Schreiner, Polsterer, Sattler, Verdeckspengler, Karosserieklempner, Lackierer und natürlich Mechaniker beteiligt waren – seinen wohl vollkommensten Ausdruck gefunden. Es war ein echter Genuß, das Cabriolet SS in Bewegung zu sehen: ein Wunder an Ausgewogenheit und Klasse, harmonischer Profilgebung, luxuriösen Materials, aristokratischen Stils, alles lud zu stummer Bewunderung ein.

Jaguar hatte sich mit dem Bau der Limousine und des abgeleiteten Cabriolets zum ersten Mal an die Parallelproduktion zweier Karosserietypen gewagt, der erste Versuch war meisterlich gelungen. In Anbetracht der stattlichen Größe der Limousine hätte das neue Modell schwerfällig wirken können; weit gefehlt. Die breit ausgeschnittenen Türen, das einteilige Seitenfenster und das Klappverdeck mit dem imposanten Chromspriegel betonten im Gegenteil den Eindruck von Leichtigkeit und Eleganz. Beim Wechsel von vier auf zwei Türen hatte man zur Herstellung der größeren Tür und der modifizierten Heckpartie wieder auf die guten alten Fertigungsmethoden zurückgegriffen. Aus wirtschaftlichen Gründen wäre es nicht vertretbar gewesen, für eine Kleinserie, in der dieses »große« Cabriolet gebaut wurde, Spezialmaschinen zur Fabrikation der Stahlbleche für die Tür und das hintere Seitenteil herzustellen. Da war es schon vernünftiger, diese Teile auf die alte Art zu bauen, und da das Werk noch über eine Schreinerwerkstatt verfügte, war es ein Leichtes, Holzgerüste für Tür und Heckpartie anzufertigen und mit den darauf geformten Stahlblechen einzukleiden. Deshalb sind bei den Cabriolets noch Überbleibsel der Mischbauweise zu finden, obwohl SS Jaguar, wie gesagt, seit 1937 die Wende zur Ganzstahlkarosserie genommen hatte. Ansonsten war beim Cabriolet die gleiche Volumenaufteilung in Haube, Verdeck, Kotflügel und Kofferraum zu finden, wie bei der Limousine. Auch Rahmen, Mechanik, Antriebseinheit, Radauf-

Ob offen, mit Verdeck oder in halboffener »Mylord«-Position, das Drophead Coupé ist in jeder Form sehenswert.

hängung und Zubehör waren unverändert von der Limousine übernommen worden, ganz ohne Zweifel handelte es sich hier um eine »direkte« Ableitung.

Öffentlichkeit und Fachpresse bereiteten den neuen Modellen einen begeisterten Empfang, denn SS Cars hatte sich nicht mit einer äußeren Modernisierung der Baureihe begnügt, sondern auch unter der Haube echte Neuheiten entwickelt. Das begann mit dem 3,5-l-Block, und dem Zylinderkopf mit hängenden Ventilen und Kipphebelmechanismus, der von nun an die 2,5- und 3,5-l-Triebwerke krönte. Endlich verfügte die Firma SS über eine ihren Ambitionen gemäßen Motor, mit dem der Sportroadster SS 100 effektive 160 km/h erreichte, und gleichzeitig über ein starkes Aggregat für seine luxuriösen großen Limousinen.

Mit dem 3,5 l bot SS Cars Ende des Jahres 1937 einen der größten Motoren für Modelle der mittleren Preisklasse an. Es gab natürlich noch Bentley, Rolls-Royce und Lagonda, aber deren Modelle waren für einen anderen Käuferkreis bestimmt. Nicht umsonst wurden die 2,5- und 3,5-l-Limousinen die »Bentley der Armen« genannt. Ein fast unbekannter Konstrukteur, der einen großen Motor anbot, war etwas ganz Neues in der Branche, vor allem weil es sich dabei um aristokratische Automobile mit mehr als akzeptabler Straßenlage und unbestreitbarem Komfort handelte, die bemerkenswert geräuscharm im Fahrbetrieb und zudem fast provozierend luxuriös waren. Wie brachte es dieser verteufelte Lyons nur fertig, solche Autos zu derart niedrigen Preisen zu verkaufen? Kollegen und Konkurrenten konnten nicht umhin, sich diese Frage zu stellen. Das begeisterte Publikum verlor jedoch keine Zeit mit Fragestellen: Wenn die Firma SS Cars töricht genug war, ihre Modelle so billig zu verkaufen, wäre man selber töricht, nicht davon zu profitieren!

Es lohnt sich, die Testberichte in der Fachpresse der Epoche nachzulesen, wenn man die ganz neue

JAG

Die Innenraumgestaltung steht der Eleganz der Linienführung in nichts nach. Nichts fehlt und alles ist von vollendet gutem Geschmack.

Note verstehen will, die diese Modelle auf dem britischen Automobilmarkt einführten. Die Fachzeitschrift *The Motor* gab die Leistung der 3,5-l-Limousine mit 147,7 km/h Höchstgeschwindigkeit an, der Testfahrer vom Rivalen *The Autocar* hatte auf seiner Probefahrt vom 28. April 1939 146,3 km/h registriert, und das alles bei 1700 kg Leergewicht. Sogar ein echter Sportwagen wartete nicht immer mit solchen Leistungen auf; und was die manchmal doppelt so teuren Limousinen der Konkurrenz betraf, so lagen die meisten mit 115–120 km/h weit hinter den Fahrleistungen der SS Cars.

Der wesentliche Beitrag, den die Firma mit dem 3,5-l-Modell zur Automobilproduktion geleistet hatte, lag in der bislang unbekannten, gelungenen Verbindung von Luxus, Komfort und sportlicher Leistung.

Der im gleichen Jahr gebaute, vom gleichen Motor angetriebene Roadster SS 100 überschritt die magische, von den Engländern damals »dreistellige Geschwindigkeit« genannte 100-Meilen-Grenze. Am 9. September 1938 hatte der Testfahrer von *The Motor* diese Geschwindigkeit erreicht und den Roadster einige Zeit auf 162,7 km/h gehalten. Ein enormes Prestige für ein Auto und eine phantastische Reklame für die Marke.

Die Tatsache, daß Limousine und Roadster den gleichen Motor besaßen, förderte den Absatz der gesamten Baureihe. Leistungsdemonstrationen auf Rallyes, »Speed Trials«, Berg- und Rundstreckenrennen und »Sprints« festigten das sportliche Image der Marke immer mehr.

Eine andere Besonderheit betraf die Preise der Modelle: Das Cabriolet war kaum teurer als die viertürige Limousine: 465 Pfund gegen 445 Pfund für die 3,5-l-Version und 415 Pfund für das 2,5-l-Modell. Es war wirklich zu schön, um wahr zu sein! Man erinnere sich nur daran, daß ein zeitgenössischer »Alvis Speed 25« als viertürige Limousine 885 Pfund kostete. Von den Bentley ganz zu schweigen.

Es gab drei Positionen für das Verdeck des 3,5-l-Cabriolet: mit geschlossenem Verdeck verwandelte sich das »Drophead Coupé« in ein komfortables, wetterfestes Modell. Ein Flanellfutter verbarg den Verdeckmechanismus und verlieh dem Intérieur eine gemütliche und reizvolle Atmosphäre. Bei der »Mylord« genannten zweiten Position konnte das an die Windschutzscheibe angrenzende Vorderteil des Verdecks abgenommen und zusammengerollt werden, wobei die waagerechten oberen Streben der Seitenfenster nach innen geklappt wurden. Das hintere Teil des Verdecks blieb hochgeklappt. Die »Mylord«-Position war die Paradeposition, bei der die Fahrfreude unter freiem Himmel und uneingeschränkter Sicht genossen werden konnten, ohne dabei ganz dem Fahrtwind ausgesetzt zu sein.

In der dritten Position war das Verdeck ganz zusammengerollt. Die senkrechten Streben der Seitenfenster wurden nach hinten geklappt, während die zur Führung der Seitenfenster dienenden vorderen Gleitschienen ebenfalls nach hinten auf die Türkante geklappt wurden. Der ganze Mechanismus war zwar etwas umständlich und langwierig, aber die Mühe lohnte sich, wenn das Verdeck abgenommen und unter seiner schützenden Mohairhülle verstaut war. Wie bei der Limousine öffnete sich der Kofferraumdeckel wegen der am unteren Rand angebrachten Scharniere nach hinten und bildete eine Art Tisch für Picknicks. In der Breite des schweren und großen Bauteils verbarg sich eine komplette Werkzeugausrüstung für Notfälle, die von einer auf der Innenseite des Kofferraumdeckels angebrachten Klappe verschlossen wurde. Für jedes Werkzeug war eine speziell ausgeformte Mulde im Kasten vorgesehen.

Zahlreiche ähnliche Details und eine hervorragende Fertigungsqualität gaben diesen Modellen ihre besondere Note und begründeten gleich von Anfang an den Ruf von Klasse, Leistung und Raffinement.

SS JAGUAR 3,5 LITER

SS Jaguar 3,5 Liter
»Drophead Coupé« (Cabriolet) – 1937
Bohrung × Hub: 82 × 110 = 3485 cm³
Reihen-Sechszylinder – Ventiltrieb über Kipphebel
125 BHP – ca. 145 km/h
Sammlung Otto Tönges (D)

WOZU EIN ZEICHENBRETT?

Die Geschichte des XK 120 ist zwar bekannt, aber erst die Werkschronik gibt Aufschluß darüber, wieso der XK 120 scheinbar übergangslos die Nachfolge des SS 100 antreten konnte und wie aus einem biederen Motor mit seitlichem Ventilmechanismus eine für das Jahr 1948 hochentwickelte Antriebseinheit mit zwei obenliegenden Nockenwellen entstanden war. Dieser Bruch in Stil und Technik war durch den Zweiten Weltkrieg gekommen und hatte zum Stillstand der Produktion geführt. Diese Zwangspause gab den Männern die Möglichkeit, sich vom täglichen Produktionszwang zu befreien, um Abstand zu gewinnen, nachzudenken, Neues zu erfinden und sich das Auto von morgen, den Motor von morgen, die Linie von morgen auszumalen.

Die Geschichte des XK 120 erklärt sich nur durch diesen Bruch zwischen »pre-war« und »post-war«. Es ist bezeichnend, daß der neue Jaguar die Typenbezeichnung seines Motors trug – XK – was wieder einmal beweist, daß der Motor das Auto ausmacht, besonders wenn es sich dabei um den Prototyp einer ganzen Generation handelt. Bisher, das heißt bis 1939, hatte die Firma »SS Cars Ltd.« vor allem Karosserien zusammengebaut und – mit Ausnahme des Werks an der Swallow Road in Foleshill, bei Coventry – die nötigen Teile bei den großen Zulieferfirmen des Vereinigten Königreiches eingekauft. Nicht nur die Firma SS Cars beschränkte sich auf den Zusammenbau von Einzelteilen; viele »echte« Konstrukteure, darunter ganz bekannte Marken, bauten nichts in eigener Regie, sondern bestellten alles Nötige auf dem großen britischen Zubehörmarkt. Dabei bewiesen die einen Talent, die anderen Genie, manchen fehlte es allerdings an Geschmack bei der Auswahl, so daß nur banale Automobile zustande kamen.

Schon 1938 hatte Lyons den Entschluß gefaßt, selbst einen leistungsstarken, schönen und fortschrittlichen Motor zu bauen. Die Kriegszeit mit ihren Ausgangssperren wirkte wie ein Katalysator

auf das Vier-Mann-Team von Coventry, das einen der fabelhaftesten Motoren entwarf, entwickelte, baute und ausprobierte, der je dem menschlichen Geist entsprungen war: das XK-Aggregat, das die Modelle der Marke von 1948 bis 1987 (!) antrieb. Ein schönes Beispiel von Langlebigkeit, Spitzenqualität und Zuverlässigkeit. Bei den drei Männern unter der Leitung William Lyons handelte es sich um William Heynes in der Rolle des Chefingenieurs und Projektleiters, Claude Baily als technischer Zeichner und um den für die Entwicklungsarbeiten verantwortliche Motorenfachmann Wally Hassan. Gemeinsam und mit unerschütterlichen Selbstvertrauen riefen sie ein technisches Wunderwerk ins Leben. Schluß mit den biederen, großen »Standard«-Blöcken, Schluß mit den gußeisernen Zylinderköpfen und der seitlichen Ventilsteuerung, Schluß mit den mageren Drehzahlen, den kümmerlichen Leistungen und blutleeren PS pro Liter. Gleich am Anfang der Entwicklungsarbeiten hatte William Lyons das Ziel gesetzt, von dem er nicht mehr abwich: zwei obenliegende Nockenwellen, Leichtmetall-Zylinderkopf, kugelförmige Brennräume mit hohem Verdichtungsverhältnis; solange ansonsten 160 PS bei 3,5-l-Hubraum heraussprangen, solange der neue Jaguar schön sein, geräuschlos fahren und so aussehen würde, wie man es von einem Hochleistungsmodell erwarten konnte, waren ihm die Einzelheiten gleichgültig – sehen Sie zu, wie Sie zurechtkommen, meine Herren!

Heynes, Hassan und Baily kamen gut zurecht, so gut sogar, daß ihre Schöpfung als einer der schönsten Beiträge zur Kraftfahrzeugtechnik in die Annalen der Automobilgeschichte eingegangen ist. Legende und Mythos des Jaguar XK 120 sind aus einer außergewöhnlichen Begegnung entstanden, wie sie nur ein- oder zweimal in zehn Jahren vorkommt – und dann auch nur in einem besonders guten Jahrzehnt; aus der Verbindung zweier Sterne am Automobilfir-

XK 120

Mit fast 200 km/h, einem 2-OHC-Motor, einer vorbildlichen Fahrstabilität und dem Komfort einer Luxuslimousine leitete Jaguar Anfang der fünfziger Jahre eine neue Epoche im Automobilbau ein.

mament, dem fabelhaften 3,4-l-XK-Motor und einer bewunderungswürdigen Sportkarosserie, die Generationen von Automobilisten überreichlich Stoff zum Träumen lieferte. Aber vorher bedurfte es der Entschlossenheit und der genialen Intuitionen Wally Hassans und Claude Bailys, um die noch unverwirklichte Idealvorstellung in einen auf dem Prüfstand drehenden Motor zu verwandeln.

Jede Entwicklungsetappe des neuen Triebwerks erhielt eine Typenbezeichnung in alphabetischer Reihenfolge, die unweigerlich mit X (für Experimental) begann: XA, XB, XC, dann als letzte Etappe XD, bevor mit den Prototypen XF, XG und XJ ein neues Stadium erreicht war, das zum endgültigen Modell mit der Bezeichnung XK führte. Der große Motor, den man sich so sehnlich gewünscht hatte, um die stattlichen Limousinen im 160 km/h-Tempo vorwärtszubewegen, wurde Wirklichkeit. Seine Laufkultur, sein geräuscharmer Lauf, sein Drehmoment bei mittleren Drehzahlen, seine Leistung, sein ausgewogenes Konzept, die mühelose Einstellung und seine vom Rennbetrieb übernommene Bauweise überstiegen sogar die kühnsten Erwartungen seiner Schöpfer. Dieser wohlgeborene Motor mit einem Hubraum von 3442 cm³ war ein Reihen-Sechszylinder mit 83 mm Bohrung und 106 mm Hub, also mit einem eindeutigen »Langhub«-Charakter, der mehr für einen günstigen Drehmomentverlauf und Elastizität in allen Drehzahlbereichen als für Leistung um jeden Preis und ein besonders hohes Drehzahlniveau konzipiert worden war. Unter dem Leichtmetall-Zylinderkopf befanden sich zwei über die Kurbelwelle von zwei Ketten angetriebene Nockenwellen: eine Einlaßnockenwelle rechts und eine Auslaßnockenwelle links. Die Brennräume hatten Halbkugelform und die Ventile hingen in einem Öffnungswinkel von 70 Grad in den Brennräumen. Jede Nocke wirkte über einen Öler, in dem sich ein Einstellplättchen für das Ventilspiel befand, direkt auf ihr Ventil ein. Zwei 1-Zoll-SU-Vergaser versorgten den Zylinderkopf über einen kompakten Aluminium-Ansaugstutzen mit dem Kraftstoff-Luftgemisch. Linksseitig befanden sich zwei Auslaßkrümmer mit je drei Kanälen, die – höchste Raffinesse – schwarz emailliert waren. Der Zylinderkopf aus Aluminiumlegierung war von zwei Steuergehäusedeckeln aus poliertem Aluminium gekrönt, was dem Motor einen kunstvollen, seriösen und ästhetisch attraktiven Anstrich verlieh. Für William Lyons durfte ein Motor nicht nur leistungsstark sein, sondern mußte auch den Sinn für Schönheit und Vollkommenheit befriedigen. Waren Motoren für Ettore Bugatti nicht wie Kunstobjekte, die ein Bildhauer aus einem Metallblock herausarbeitet?

Dabei war der XK-Motor sogar schon 1948 kein revolutionäres Konzept mehr: die doppelte Nockenwelle, Halbkugel-Brennräume, seitengetrennte Ein- und Auslaßwege und einen besonders hohen Wirkungsgrad gab es schon seit den 20er Jahren bei Rennsportmodellen; neu war dabei nur, daß ein Hochleistungsmotor der Öffentlichkeit in einer 160 km/h schnellen fünfsitzigen Limousine zugänglich gemacht wurde. Das erklärt die Begeisterung der

9637 PL 89

Käufer beim Anblick des Motors und beim Testen seiner Leistungsfähigkeit. Im britischen Automobiluniversum sah man damals den neuen Jaguar-Motor mit seinen 160 PS als eine Art Phänomen an.

William Lyons wollte diesen außergewöhnlichen Motor nicht in den Mark V einbauen, denn das hieße das Sensationelle des Projekts entwerten. Andererseits war man mit der Serienproduktion der famosen fünfsitzigen Limousine, für die der Motor gebaut worden war, stark in Verzug geraten.

Was tun? Lyons wollte seinen Coup ohne unnötigen Zeitverlust landen, um seine Marktposition zu verbessern. Da die alternde Karosserie des Mark V nicht in Frage kam, beschloß Lyons den Bau eines »Dream-Car« als würdigen Rahmen für das Kleinod mit doppelter obenliegender Nockenwelle. Die Oktoberausstellung 1948 stand vor der Tür und versprach, als erste Automobilausstellung nach dem Krieg ein Ereignis von großer symbolischer und wirtschaftlicher Tragweite zu werden. Die letzte Ausstellung war im Oktober 1938. Zehn Jahre lang hatte das Publikum auf seine automobilistischen Träumereien verzichten müssen. Wie konnte man seinen Rang besser beweisen, als bei dieser Gelegenheit einen Sportwagen mit traumhafter Karosserie und traumhaftem Motor auszustellen? Nach zehnjähriger Abstinenz wollte das Publikum vor allem wieder träumen dürfen.

In nur wenigen Wochen – zwischen sechs und acht nach der Aussage direkter Augenzeugen – baute der intuitive, kreative, geniale Lyons einen Sportwagen; keinen »Master«-Ausstellungsprototyp, der eigentlich nicht zum Fahren bestimmt war, sondern einen echten offenen Sportwagen, niedrig, mit fließenden Linien und agressiver Dynamik, die auf seine potentielle Geschwindigkeit schließen ließen. Die gesamte Jaguar-Belegschaft wurde in jenem Sommer 1948 mobilisiert, um nach den Direktiven des Firmenchefs und seines Chefingenieurs William Heynes mitzuhel-

fen, den neuen Jaguar rechtzeitig zur Ausstellung fertigzustellen. Lyons war kein Designer und kein Ingenieur, sondern Autodidakt, der mehr Erfahrung in Wirtschaftsproblemen als in Automobiltechnik besaß; dabei kamen ihm jedoch vier Eigenschaften zugute: er wußte was er wollte, war ein weitsichtiger und kühner Planer, verfügte über eine gehörige Portion Unverfrorenheit und über einen sicheren Instinkt für Formgebung. Er brauchte kein Zeichenbrett, um eine Karosserie zu entwerfen. Eine flüchtige Skizze, ein Schreiner, der die Gesten und Andeutungen des Chefs in Volumen übertragen konnte, ein Fachmann, der den Karosserieblechen auf dem Eschenholzgerüst Form verleihen konnte und ein kleines Team für die Zubehörteile genügten zur Entstehung des Versuchsmodells. War das Ergebnis unbefriedigend, wurde das Modell auseinandergenommen und die Arbeit neu angefangen. Lyons hielt sich ununterbrochen in der Versuchswerkstatt auf, ließ sein Modell auf die Straße transportieren, um die Wirkung im natürlichen Rahmen zu beurteilen, brachte selbst das Zubehör an, dirigierte sein Team mit Gesten und der Interpretation bedürftigen Lauten. Lyons arbeitete gleich in drei Dimensionen und in natürlicher Größe, wobei er das Stadium des Entwurfs mit Maßangaben auf dem Zeichenbrett überging. Nur gut, daß sein kleines Facharbeiterteam an die Arbeitsmethoden des Chefs gewöhnt war.

Aber vor der stilistischen Etappe hatte William Heynes mit dem Bau des Hilfsrahmens für den famosen Sportwagen schon eine bedeutende Vorarbeit geleistet. Auch hier war keine Zeit zu verlieren. Das Werk verfügte über das ganz neue Fahrgestell des Mark V, das entsprechend verkürzt und in der Breite reduziert, gute Dienste leisten würde. Es war ein sehr gutes Chassis, kein revolutionäres zwar, aber ein seriöses Konzept: robust, nicht zu schwer, von guter Gesamtfestigkeit, mit einzeln aufgehängten Vorderrädern und längsliegenden Drehstäben, Längsträgern, zentralem Querträger, hinterer Starrachse mit Halbelliptikfedern.

Der XK-Motor war geschickt im Rahmen eingebaut worden, was dem Jaguar eine gute Gewichtsverteilung und ein in jeder Situation bemerkenswert gutes Fahrverhalten verlieh. Die Leichtmetallkarosserie für diesen Rahmen wurde Anfang September 1948 fertiggestellt und metallic-grün gespritzt; alles Zubehör war bereit: Windschutzscheibenpfosten, Stoßstangen, Sockel für die Rücklichter, Chromteile. Die Bezüge waren aus Leder. Alles sonstige Zubehör stammte aus den Katalogen der herkömmlichen

Wie dieses Exemplar besaßen die ersten 240 Roadster der Baureihe Aluminiumkarosserien.

Zulieferfirmen: das Lenkrad von Bluemell's, Zähler und Rundinstrumente von Smith & Lucas, Scheinwerfer PF 770 von Lucas, 16-Zoll-Felgen und Reifen von RS Dunlop.

Wie sollte man dieses Wunderwerk nennen? William Lyons, der vor nichts zurückschreckte – vor allem nicht vor einem erfolgversprechenden Werbeschachzug, nannte seinen Jaguar XK 120, XK wie die Typenbezeichnung des Motors und 120 wie 120 Meilen die Stunde. Schließlich hatte er sich dieses Tricks schon beim SS 100 und davor beim SS 90 bedient, warum also nicht beim neuen XK?

Während die Arbeiten am Prototyp voranschritten, erwogen Lyons und Heynes den Bau einer Kleinserie von vielleicht 200 Exemplaren. Die Eschenholzgerüste würden an Ort und Stelle angefertigt, die Firma HH Cooke & Son aus Nottingham würde die Aluminiumkarosserien liefern und der Zusammenbau könnte ohne allzugroße Schwierigkeiten vom Werk in Foleshill übernommen werden. Das Modell wäre außerdem eine großartige Werbung für die Marke. Im Grunde weist der aktuelle XJ 220 auch keine grundlegend anderen Lösungen auf.

Als sich die Tore des Ausstellungsgebäudes von Earls Court am 22. Oktober 1948 öffneten, drängten sich die Menschenfluten durch die Alleen des neuen Automobiltempels. Der Jaguar-Stand konnte dem Ansturm nicht standhalten und die Absperrung wurde von der Menge überrannt, die aus der Nähe sehen und anfassen, Einzelheiten wissen, Preise und Lieferfristen erfragen wollte. Die Werksleitung versuchte, die Meute der Bewunderer zurückzuhalten und die Karosserie vor der Begeisterung der Fetischisten zu schützen. Kein Zweifel, der Jaguar war der Star der Ausstellung; die Gespräche drehten sich nur um seinen Motor und seine Leistungen; jeder sah sich schon am Steuer des Traumautos. Die Enttäuschung war daher umso größer, als bekannt wurde, daß der XK 120 vor allem für den Export bestimmt war und auf dem heimischen Markt erst in Monaten verfügbar sein würde. Der Enthusiasmus ließ merklich nach und man fragte sich, weshalb Jaguar eigentlich überhaupt dieses Wunderwerk zu einem derart niedrigen Preis ausstellte, wenn es vorerst nicht zu haben war?

Perfektion innen und außen. Das Kleinod unter der Haube war alleine schon ein echtes Kunstwerk.

Als Trost blieb dem Publikum der Mark V, der als viertürige Limousine und als dreitüriges Cabriolet neben dem unerreichbaren XK 120 in Earls Court stand. Das Ausstellungsmodell XK 120 war nur ein Prototyp und ein ganzes Jahr verstrich, bevor die Serienproduktion langsam anlief. Zum Zeitpunkt der Ausstellung war die zukünftige Produktion vorrangig für den Export in dollarzahlende Länder bestimmt. Devisen um jeden Preis war das Leitmotiv des Ministers für Versorgungsfragen und des Schatzkanzlers. Wie gesagt, für britische Bürger blieb der XK 120 vorerst unerreichbar.

Die Restaurierung eines Roadster XK 120 mit Aluminiumkarosserie bedeutet heute für den Eigentümer einer solchen Rarität ein kaum zu bewältigendes Problem: der faulende Holzaufbau, die zu weißstaubigem Aluminiumoxyd verrostende Karosserie, Materialverschleiß und Spannungen, die zu Rissen in der Lackschicht führen, machen in vielen Fällen eine neue Eschenholzstruktur und gleichzeitig eine neue Aluminiumbeplankung für die gesamte Heckpartie nötig. Wenn die Korrosion an einigen ungeschützten Stellen zu stark fortgeschritten ist, muß manchmal sogar die ganze Karosserie erneuert werden. Der Alu-Roadster Roy Palmers ist eines jener Exemplare, das von Grund auf wiederhergestellt wurde. Es kann vorkommen, daß der beträchtliche Aufwand an Zeit und Geld den anfänglichen Enthusiasmus in Mutlosigkeit umschlagen läßt.

XK 120

Jaguar XK 120
3,4 Liter »Aluminiumroadster« – 1949
Bohrung × Hub: 83 × 106 = 3442 cm³
Reihen-Sechszylinder – 2 OHC
160 BHP – ca. 200 km/h
Sammlung Roy Palmer (GB)

NEUER WEIN IN ALTEN SCHLÄUCHEN

Der Mark V, eine Mischung aus zeitlosem britischen Stil und aktuellster Technik, war gleichzeitig ein altes und modernes Auto. Von seinen glorreichen Vorfahren hatte er die charakteristische Erscheinung geerbt: den gemessen-feierlichen Look, den auffälligen »Vintage«-Stil, verbunden mit einer schmucklos-nüchternen Note. Der Wind, der vom Kontinent her zu wehen begann, hatte ihn allerdings weder zum Ponton-Stil noch zur Aerodynamik verleiten können. Trotzdem waren hier und da Bemühungen um »aktuelles Design« festzustellen – ob der Zufall daran schuld war, oder ob es sich um den vorsätzlichen Entschluß handelte, mit der Vergangenheit reinen Tisch zu machen, ist ungewiß. Ein stilistischer Zwitter also, aber auch ein technologischer, der schon nicht mehr ganz zur alten Welt gehörte, in der neuen Welt aber noch nicht ganz zu Hause war.

Als letzter Jaguar mit dem alten seitengesteuerten 3,5-l-Motor und als erstes Modell der Marke mit einzeln aufgehängten Vorderrädern stellte der Mark V das Bindeglied zweier durch den Krieg getrennter Welten dar. Einer alten Welt aristokratischer Traditionen, bewährter Technik, voller Verachtung für Komfort und Luxus; und einer modernen Welt, deren Götter sich Leistungsfähigkeit, Wirkungsgrad, Sicherheit, Fahrverhalten und Leichtbau nannten.

Da es in der Baureihe nie offiziell einen Mark IV gegeben hat, genausowenig wie einen Mark III oder II, trat der Mark V auch keine Nachfolge an. Bei Jaguar legte man auf die Wahl der Kodenummern und Typenbezeichnungen keinen besonderen Wert. Die Namensgebung jedes neuen Modells hing völlig vom Zufall ab und ging unter Mißachtung jeglicher Logik vor sich. Die Vorkriegs-Cabriolets und Limousinen mit 2,5- und 3,5-l-Motor, Vorläufer des Mark V, wurden daher inoffiziell Mark IV genannt, so wie die vor dem Mark II gebaute 3,4-l-Limousine genauso inoffiziell Mark I hieß.

Nach dem Willen seiner Schöpfer William Lyons

und William Heynes sollte der Mark V zwei gegensätzliche Kriterien in sich vereinen, nämlich auf der ersten Nachkriegsausstellung – der des »großen automobilistischen Erwachens« – die erwartete Neuheit verkörpern, aber die Markenkundschaft nicht durch zu gewagte stilistische Neuerungen abschrekken. Der Salon 1948 wurde tatsächlich zum unvergeßlichen Ereignis: endlich konnte man diesen mit nichts anderem vergleichbaren Hauch des Neuen spüren, aus der Nähe sehen, bewundern, anfassen und sogar riechen; endlich konnte man wieder in Träumen schwelgen, mit den Verkäufern diskutieren, Preise erfragen und sich die Fortschritte seit den Vorkriegsmodellen erklären lassen, den Haubendeckel öffnen, hinter dem Lenkrad Platz nehmen und abends mit Prospekten beladen den Heimweg antreten. Wie lange hatte man das alles entbehren müssen!

Da die Fabrik in der Swallow Road bis in die allerletzten Kriegstage für die Rüstung beschlagnahmt gewesen war, hatte es an der nötigen Zeit gefehlt, um auf der ersten Ausstellung im Oktober 1948 ein wirklich neues Modell vorführen zu können. Deshalb waren alle verfügbare Zeit, Energie und schöpferisches Genie auf die Entwicklung des Doppelnockenwellen-Motors mit Leichtmetall-Zylinderkopf und Halbkugel-Brennräumen verwendet worden, also auf den bereits vorgestellten Typ 3,4-l-XK mit 160 PS Leistung. Aber Jaguar hielt noch eine weitere Überraschung bereit: die vom brillanten Ingenieur William Heynes entwickelte Vorderradaufhängung mit längsliegenden Drehstabfedern, Querlenkern und Teleskop-Stoßdämpfern. Es waren zwar keine revolutionären Lösungen – bei Citroën kannte man sie seit 1934 bei den Fronttrieblern – aber auf dem eher konservativen britischen Automobilsektor nahmen sie sich wie eine kleine technische Bombe aus. Was tun mit diesen beiden Trümpfen? Die Limousine davon profitieren lassen, obwohl die Zeit zum Ent-

Die große Neuheit war nicht sichtbar, nämlich die einzeln aufgehängten Vorderräder. Die Motorisierung bestand immer noch aus dem seitengesteuerten 3,5-Liter-»Standard«-Motor der Vorkriegsgeneration.

wurf einer neuen Karosserie gefehlt hatte? Das hieße, den wirklich fortschrittlichen XK-Motor entwerten; auf die nächste Ausstellung warten, um die Vorkriegskarosserie der Limousine zu überarbeiten ? Das hieße, sich die einmalige Gelegenheit des ersten Nachkriegssalons entgehen zu lassen. Mit diesen Erwägungen verstrichen die ersten Monate des Jahres 1947, bis William Lyons mit einem salomonischen Urteil der Unentschlossenheit ein Ende machte. Der noble und ehrwürdige »Mark IV« sollte einem seriösen »lifting« unterzogen und mit einem der beiden Trümpfe bedacht werden, während für den Doppelnockenwellenmotor ein »Dream-Car«, eine Art rollendes technisches Laboratorium der Marke gebaut und mit einer sportlichen Hülle versehen werden sollte, die sogar die anspruchsvollsten Kenner der Marke überraschen würde. Wie der Leser weiß, handelte es sich um den künftigen XK 120.

Der neue Mark V war also mehr als nur ein aufgefrischtes Duplikat des glorreichen Mark IV, der seit 1935 in »hölzernen« oder »stählernen« Versionen die Haupteinnahmequelle der Firma SS Jaguar gewesen war. Obwohl die Ähnlichkeit mit seinem Vorgänger nicht geleugnet werden konnte, zollte der neue Jaguar dem Modernismus einen unverkennbaren Tribut: Neue, kleinere, zum Teil in die Kotflügel integrierte Scheinwerfer, Seitenfenstereinfassungen aus verchromtem Messing, kleinere Scheibenräder, größere Windschutzscheibe: Beim genaueren Hinsehen stellte man fest, daß Mark V und Mark IV kein einziges Karosserieteil gemeinsam besaßen, abgesehen von der Kofferraumschürze und dem hinteren Dachteil. In knapp anderthalb Jahren war das gesamte Auto neu entworfen worden: Karosserie, Fahrgestell und der lederverkleidete Innenraum; die neue Vorderradaufhängung einfach in den alten Mark IV zu verpflanzen wäre nicht nur strategisch falsch, sondern geradezu halsbrecherisch gewesen.

Der Mark V gehörte demnach schon in die Neuzeit, selbst wenn er die Welt der Karossen noch nicht ganz verlassen hatte. Er besaß noch den seitengesteuerten Motor aus der guten alten Zeit, in der Jaguar sich bei »Standard Motor Co.« zu bedienen pflegte. Dieser in zwei Versionen mit 2,5- und 3,5-l Hubraum angebotene gußeiseren Zylinderblock mit gußeisernem Zylinderkopf war immer noch ein Sechszylinder, der zwar keine Glanzleistungen vollbrachte, sich seiner Aufgaben in der kleineren Version jedoch auf zuverlässige Weise und in der leistungsstärkeren Variante eher mit Glanz entledigte. Mit seinem Drehmoment, das im mittleren Drehzahlbereich eine gute Beschleunigungs-Elastizität verhieß, brachte der 3,5-l-Motor den 1700 Kilo schweren Mark V auf ansehnliche 145 km/h. Der Jaguar bot einen anerkannt guten Fahrkomfort, niedriges Geräuschniveau und eine Straßenlage, mit denen die meisten zeitgenössischen Autos nicht aufwarten konnten. Mit seinem eng abgestuften Getriebe, seiner präzisen und gleichzeitig leichtgängigen Lenkung garantierte er seinem Fahrer echtes Fahrvergnügen, vorausgesetzt daß dieser Tacho und Öldruckmesser nicht aus den Augen ließ: Überdrehen des Motors konnte böse Folgen haben, lange Fahrten ohne Pausen ebenfalls. Der Mark V, letztes Exemplar mit Seitensteuerung und erstes mit Einzelradaufhängung, konnte noch andere Titel für sich beanspruchen: Er war der erste »große« Jaguar mit Cabrio-Karosserie. Als 1951 die Produktion eingestellt wurde, ging mit ihm die Ära der fünfsitzigen Cabriolets zu Ende; ein unersetzlicher Verlust für Liebhaber der Marke und diejenigen, die die von der Limousine abgeleitete offene Version schätzen gelernt hatten. Rationalisierung und Vereinheitlichung der Baureihe ließen von nun an solche Phantasien einer untergegangenen Epoche angehören. Die Tradition der großen Cabriolets blieb jetzt Marken wie Bentley und Rolls-Royce vorbehalten, die diese Karosserien bei Zulieferfirmen wie Mulliner, Park Ward, James Young, Freestone & Webb, Thrupp

3286 VX 67

& Maberley oder Hooper in Auftrag gaben. Das letzte Mark V-Cabriolet mit dem Drei-Positionen-Verdeck war ein außergewöhnlicher Verkaufserfolg gewesen: der schwere verchromte Verdeckmechanismus konnte in der »Mylord«-Position über den beiden Rücksitzen blockiert werden. Klasse, Raffinement, Eleganz – Jaguar hatte mit der offenen Version dieses Typs den wohl vollkommensten Ausdruck klassischen Automobilbaus gefunden; ein Modell von vollendetem Geschmack und bis heute unübertroffen perfekter Formgebung.

Für die Restaurierung des hier gezeigten prachtvollen 3,5-l-Cabriolets hatte es eines kaum vorstellbaren Aufwandes an Zeit und Mitteln bedurft. Als ein Elsässer Tierarzt dieses »Drophead Coupé« als halbes Wrack erstand, fehlten viele Teile, darunter das besonders schwer aufzutreibende Zubehör; das Exemplar befand sich in einem derart desolaten Zustand, daß alle Interessenten vor einem Wiederherstellungsversuch zurückgeschreckt waren. Guy Rabet ist es zu verdanken, daß dieses wundervolle Auto drei Jahre später seinen ursprünglichen Glanz wiedergefunden hat und heute im Verkehr bewundert werden kann. Ausdauer, Risikobereitschaft und Sinn für Exklusives hatten diese gewaltige Aufgabe gemeistert.

Innenausstattung und Instrumentierung sind Quelle unerschöpflicher Bewunderung.

MARK V

Jaguar Mark V
3,5 Liter »Drophead Coupé« – 1950
Bohrung × Hub: 82 × 110 = 3485 cm³
Reihen-Sechszylinder – Ventiltrieb über Kipphebel
125 BHP – ca. 150 km/h
Sammlung Guy Rabet (F)

RENNEN UND RESERVE

Das Jahr 1950 hatte in Foleshill, der Hochburg von Jaguar Cars, große Hoffnungen geweckt. Von den drei – ohne andere Vorbereitung als ein Schnellverschluß-Tankdeckel und ein paar unbedeutende Details – in Le Mans eingesetzten Serien-XK 120 beendeten zwei das Rennen auf den Plätzen 12 und 15. Und das mit einer eher symbolischen Unterstützung durch das Werk, einem einzigen Ersatzmotor und ein paar Ersatzteilen!

Angesichts dieses überraschenden Resultats sagte sich der Firmenvorstand, daß die Jaguar mit einer leichten Bearbeitung noch viel besser abschneiden könnten; eine einmalige Reklame für die Marke! Kaum aus Le Mans zurückgekehrt, dachte jeder schon an eine Rennversion des XK 120. So begann die Geschichte des XK 120 C, die offizielle Typenbezeichnung des nur noch »C Type« genannten Rennwagens, wobei »C« für »Competition« stand.

William Lyons, vorsichtig wie immer, war allerdings der Meinung, daß die drei Typ C entweder zu spät fertig sein oder Probleme während des Rennens haben könnten; Ersatzfahrzeuge schienen daher die empfehlenswerte Lösung. Chefingenieur Heynes erhielt also Anweisung, drei Modelle als Reserve mit nach Le Mans zu nehmen. Heynes war zwar sicher, daß diese Exemplare nicht gebraucht würden, befolgte aber die Anweisung; er hatte jede Entwicklungsphase der Typ C geplant und kontrolliert und hegte keinen Zweifel an der Zeitplanung und der Zuverlässigkeit seiner Autos. Für ihn war dieser Sonderauftrag eine reine Stilübung, weshalb er sich damit begnügte, drei Fahrgestelle vom Montageband zu nehmen und sie mit einer maximal erleichterten Karosserie einzukleiden.

Es sei daran erinnert, daß die Aluminiumbleche der XK 120-Karosserien teilweise auf einem Eschenholzgerüst befestigt waren – eine nicht gerade leichte Bauweise mit fast 1300 Kilo Leergewicht! Heynes gab daher das für den Wettbewerb unnötige Holzgerüst

auf und ließ ein mit integrierten hinteren Kotflügeln komplettes Bauteil aus ultraleichter Magnesiumlegierung für das Heck formen, das eine leichte Stahlrohrstruktur einkleidete und am Rahmen befestigt wurde. Für die Front galt das gleiche Prinzip: die beiden vorderen Kotflügel und der Karosserievorbau wurden zu einem gemeinsamen Bauteil zusammengefaßt, das mittels der wie die Karosserie profilierten Rohre am Rahmen befestigt wurde.

Äußerlich besaßen die Reserve-XK 120 die gleiche Silhouette, die gleichen Abmessungen und die gleichen Formen wie die Serien-120, nur bei näherem Hinsehen stellte man fest, daß es nur zwei komplette Bauteile mit jeweils integrierten vorderen und hinteren Kotflügeln gab, daß die Türen nicht bis zum unteren Fahrzeugrand reichten und daß die »Alligatorhaube« nicht mehr existierte.

Im Cockpit hatte man auf alles verzichtet, außer dem vom ACO (Automobile Club de l'Ouest) vorgeschriebenen strikten Minimum, zu dem zwei Schalensitze, das Instrumentenbrett und eine dünne Verschalung der Türinnenseiten gehörte.

Die drei Reservewagen sollten die Codenamen LT1, LT2 und LT3 erhalten, aber die »Lightweight«-Karosserien (LT) aus Magnesiumlegierung, noch leichter als Aluminium, kamen nie in Le Mans zum Einsatz. Die eigentlichen Rennspider Typ C wurden rechtzeitig fertig. Schon Ende April begann die Testserie auf der MIRA-Rennstrecke (Motor Industry Research Association) in der Nähe von Coventry. Der ganze Monat Mai verging mit den Testfahrten, teils auf der MIRA-Piste, teils in Silverstone. Anfang Juni waren die C-Typen XKC 001, XKC 002 und XKC 003 startbereit. Da die drei LT-Karosserien überflüssig wurden, hielt Heynes es nicht einmal für nötig, sie auf die vorgesehenen Fahrwerke zu montieren.

Das Resultat des 24-Stunden-Rennens 1951 ist bekannt: Alle drei XK 120 C kamen gleich bei ihrem ersten Einsatz auf die ersten Plätze! Die beiden Peter

– Whitehead und Walker – verbesserten sogar den Streckenrekord und gleichzeitig den Rundenrekord.

Kurz nach dem Sieg in Le Mans wollte Charles Hornburg, Jaguar-Importeur für die amerikanische Westküste, einige dieser Rennmaschinen für seine Kundschaft bestellen, aber im Juni 1951 gab es nur drei C-Typen, nämlich die Le Mans-Siegerwagen. Vor Ablauf mindestens eines Jahres war an keine serienmäßige Produktion der C-Kundenversionen zu denken. Charles Hornburg erklärte sich darauf bereit, die drei LT-Karosserien zu erwerben, die er im Werk gesehen hatte, wenn Jaguar sich zur Motorisierung bereit erklärte. Die Karosserie LT2 wurde auf das Fahrgestell Nr. 660448 und LT3 auf Nummer 660741 montiert. Merkwürdigerweise handelte es sich um zwei Fahrgestelle mit Rechtslenkung, obgleich Charles Hornburg keinerlei Bedingungen gestellt hatte. Diese drei Fahrgestelle von herkömmlicher Bauweise bestanden weder aus Speziallegierung noch waren sie zwecks Gewichtseinsparung durchlöchert wie ein Schweizer Käse, nur der Motor hatte mit großen 2-Zoll-H8-Vergasern, Kolben mit hoher Verdichtung und Nockenwellen mit hohem Öffnungshub – im wesentlichen die Hauptmerkmale des berühmten C-Zylinderkopfes – eine Sonderbehandlung erfahren. Die US-Rennkarriere der LT2 und LT3 verlief trotzdem eher diskret, denn selbst mit leichten Karosserien (150 Kilogramm weniger als die Serien-XK 120) waren sie nicht wirklich wettbewerbsfähig. Ein Jahr später verkaufte Charles Hornburg die beiden LT; der Typ C war endlich verfügbar.

Der LT1 ging 1954 in den Besitz eines erst vierundzwanzigjährigen Angestellten namens Robert Berry über. Berry verband selbst die LT1-Karosserie mit einem 1952 gebauten XK 120-Serienfahrgestell, das er mit allen Mitteln leichter zu machen suchte. Schließlich wog der LT1 nur noch etwa so viel wie der Serien-Typ C mit seinem Spezialchassis aus Rohren unterschiedlichen Durchmessers. Dieser ultra-

Die leichteste aller leichten Kreationen. Die Karosserie des LT1 besteht aus einem einzigen dünnen Aluminiumblech, das auf einer Metallstruktur geformt wurde.

MWK 120

MWK 120

leichte XK 120 war lange der schnellste Jaguar dieses Typs in England, seine Geschwindigkeitsrekorde ließen jeden Typ C vor Neid erblassen.

Nachdem Bob Berry eine Zeitlang das Original-Fahrgestell und den ursprünglichen Motor des LT1 unverändert gelassen hatte, also eines mit seinen 1-Zoll-H6-Vergasern so gut wie nicht modifizierten Serien-XK 120, wandte er sich an John Lea, Renntechniker des Werks, der einen mit drei Weber-45-DCOE-Vergasern bestückten Typ D-Motor einbauen sollte. Diese Organverpflanzung machte aus dem MWK 120 – Kennzeichen dieses Roadsters – eine regelrechte Bombe. Der LT1 war schon von weitem an seiner in einen Lufteinlaß umfunktionierten rechten Scheinwerferöffnung zu erkennen, die den Vergasern einen der Geschwindigkeit angepaßten Frischluftstrom zuführen sollte; aber auch seine außergewöhnlichen Türen, die nicht bis zum Fahrzeugboden reichten, sein Nummernschild und seine kompromißlos dem Leistungsprinzip untergeordnete, spartanische Gesamterscheinung verliehen ihm eine unnachahmliche Silhouette. Während dieses ersten Jahres seiner Existenz behielt der LT1 seltsamerweise seine ursprünglichen Scheibenräder.

1955 verkaufte Bob Berry seinen MWK 120 für einen Spottpreis. Dann ging der Roadster bis 1964 von Hand zu Hand, bis ihn ein gewisser David Cottingham noch billiger erwarb. Damals hatte man für »Mods« (modifizierte Serienautos) nicht viel übrig und nur einige wenige wirklichkeitsfremde, sportfanatische Automobilisten interessierten sich für Autos dieser Art, zu denen auch die Kategorie historischer Sportwagen gehörte. David Cottingham, der heute die bekannte Firma »DK Engineering« leitet, erinnert sich noch genau an die Umstände, die zu diesem Kauf führten: er hatte in der britischen Fachzeitschrift *Motor Sport* die Verkaufsanzeige des MWK 120 gelesen und sich mit dem Eigentümer in Verbindung gesetzt. Trotz des außergewöhnlich niedrigen Preises von 100 Pfund, bei dem selbst dem gewieftesten Spekulanten das Wasser im Munde zusammenlaufen müßte, hatte bis zu diesem Zeitpunkt niemand auf die Anzeige geantwortet!

Nachdem der LT1 überholt und mit einer moderneren Antriebseinheit vom Typ D ausgestattet worden war, setzte David Cottingham ihn in allen möglichen Pistenrennen ein, wo er sich glänzend bewährte. Als Cottingham 1969 Gelegenheit zum Erwerb des Typ E Leightweight (Fahrgestell Nummer S 850663, ex Peter Lumsden/Peter Sargent) erhielt, entschloß er sich mit Bedauern zum Verkauf des LT1. Der Leichtmetall-Roadster wurde anschließend nach Kanada verkauft und der Sammlung des bekannten Automobilliebhabers William Mackin einverleibt. Mackin fuhr seinen LT1 selbst in zahlreichen Rennen auf dem nordamerikanischen Kontinent. Aber wie das Schicksal so spielt, überkam David Cottingham plötzlich eine unbezwingbare Reue, den prachtvollen Roadster verkauft zu haben. Er überzeugte Bill Mackin schließlich, daß der LT1 nur in seiner eigenen Sammlung am Platze sei. Nach monatelangem Zermürbungskrieg gab Mackin schließlich angesichts der höflichen, aber unnachgiebigen Hartnäckigkeit Cottinghams nach.

Der LT1 kehrte also nach jahrelanger Irrfahrt auf heimischen Boden zurück. Cottingham nahm seinen über 20 Jahre zuvor erworbenen Roadster tiefgerührt in Empfang – ein neues Abenteuer begann, aber diesmal mit einer außergewöhnlichen gelungenen Restauration, die das Zeichen DK trägt.

XK 120 LIGHTWEIGHT

Jaguar XK 120 »Lightweight«
LT 1 Roadster – 3,4 Liter – 1951
Bohrung × Hub: 83 × 106 = 3442 cm³
Reihen-Sechszylinder – 2 OHC
200 BHP – ca. 235 km/h
Sammlung David Cottingham (GB)

XK 120 FARINA

JAGUAR ALL'ITALIANA

Man weiß nur wenig über die Ausstellungsmodelle und nicht viel mehr über die »One Off«, die für begüterte Kunden, die nicht viel für die Werks-Serienkarosserien übrig hatten, speziell eingekleidet wurden. Die großen Karosseriebauer haben sich schon immer für Jaguar interessiert, und schon 1937 konnte man auf den Automobilausstellungen merkwürdige Kreationen sehen, die mit den Werkskarossen konkurrieren wollten. Das schien nur recht und billig, denn bevor sich die Firma »Jaguar« nannte, hieß sie »SS Cars« (Swallow-Side Car Company) und später »Swallow-Coachbuilding« oder zu Deutsch »Karosseriebau Schwalbe«, die auch nichts anderes tat, als Serienautos in einem exklusiveren, eleganteren und sportlicheren Stil einzukleiden. So hatten die Austin »Seven« dank des talentierten Stilisten Bill Lyons neue Karosserien erhalten; aber nicht nur sie, sondern auch die »Swift«, »Fiat«, »Wolseley« und die »Standard Nine«.

Für einen Karosseriebauer kommen drei Möglichkeiten in Betracht: Entweder kommt der Auftrag von einem Privatkunden oder von einer Firma – oder das Bestellbuch bleibt leer. Dieser letztere Fall stählt meist den Willen, um jeden Preis von sich reden zu machen, das Interesse der Konstrukteure zu wecken und entweder mit dem Verkauf eines Entwurfs oder sogar mit der Konstruktion des Modells die Grundlagen für eine regelmäßige Zusammenarbeit zu schaffen.

In den 50er Jahren waren die Italiener Meister in der Kunst des Karosseriestylings geworden, und die alteingesessene Turiner Firma »Farina« befand sich im Zentrum dieses schöpferischen transalpinen Gärungsprozesses. Obwohl sie sich nur noch im Ruhm ihrer glorreichen Vergangenheit sonnen konnte, wollte sie mit Glanz auf den großen europäischen Salons vertreten sein.

Auf Anfrage des Importeurs der Marke für Belgien übernahmen die »Stabilimenti Farina« das Einkleiden von drei Exemplaren, mit denen sie 1952 auf der Brüsseler Ausstellung einen großen Coup landen wollten. Belgien spielte damals eine wichtige Rolle in der Geschichte der Firma Jaguar; dafür gab es mehrere Gründe. Die großen Geschwindigkeitsrekorde waren auf der Autobahnstrecke zwischen Jabbeke und Aeltre alle wesentlich verbessert worden und die Belgier hatten seit jeher eine Schwäche für die Modelle der Marke. Joska Bourgeois, die tatkräftige Präsidentin der Import- und Vertriebsfirma der Marke auf belgischem Boden, hatte mit dem alten Turiner Unternehmen Verbindung aufgenommen, um einen XK 120 und zwei Mark VII mit »Haute-Couture«-Karossen einkleiden zu lassen. Für die alte Firma Farina war das der Schwanengesang, denn dieser Auftrag zählte zu ihren letzten Realisationen. Wie viele Firmen hatten sich die »Stabilimenti Farina« nach dem Krieg den veränderten Umweltbedingungen nicht anpassen können.

Die Firma Farina war Anfang des Jahrhunderts von den drei Brüdern Farina, Giovanni, Carlo und Battista, gegründet worden. 1930 trennte sich Battista, der jüngste, von der Gruppe, um unter dem Namen »Carrozzeria Pinin Farina« seine eigene Karosseriefirma zu gründen, deren Ruf bald den der beiden Brüder übertraf. Pinin war der Spitzname Battistas. Die beiden fast gleichen Firmennamen dürfen umso weniger verwechselt werden, als Pinin ebenfalls schon einige Jaguar-Fahrwerke eingekleidet hatte. Bei den drei Modellen der Brüsseler Ausstellung handelte es sich tatsächlich um Karosserien der alten Firma »Stabilimenti Farina«, die ein letztes Glanzstück vollbracht hatte, bevor sie im folgenden Jahr mit Mann und Maus im Liquidationsfiasko unterging. Die drei Jaguar, die Farina der staunenden Menge vorführte, trugen alle bedeutungsvolle Namen. Das zweitürige Coupé auf der Basis des Mark VII nannte sich »Meteor«, das nach dem gleichen Konzept gebaute zweitürige Cabriolet hieß »Golden Arrow« und das

XK 120 FARINA

Sportcoupé nach dem Entwurf des XK 120 hatte den Namen »Flying Jaguar Coupé« erhalten. Die drei Varianten waren im Stil völlig identisch und unterschieden sich nur durch ihre Abmessungen.

Das Fahrgestell des XK 120 mit der Nummer 660992 und dem Motor W3442/8 lief Ende Januar 1952 vom Band. Es war ein Rahmen mit Rechtslenkung, der zusammen mit den beiden Fahrgestellen Mark VII ohne Motor nach Turin geliefert wurde. Der Farina-Entwurf war, wie erwartet, schlicht, klassisch und ohne große Originalität. Der Linienführung fehlte die sportlich-aggressive Note, aber das Gesamtbild war ausgewogen, elegant und ganz im Stil der Modelle aus Coventry. Im Grunde hätte es nur minimaler Modifikationen bedurft, um die »gefällige« Hülle des XK 120 in eine phantastische Karosserie zu verwandeln: einen etwas kürzeren Hecküberhang, einen diskreteren Kühlergrill, eine nicht ganz so hohe Front – aber ist sie nicht im Grunde die Illustration dessen, was Giovanni Farina fehlte und was erklärt, warum er das Nachkriegs-Rendezvous verpaßt hat?

In den Werkshallen der Turiner Corso Tortona Nr. 12 gab man sich über den Ausgang des Wettlaufs mit der Modernität keinen Illusionen hin. Nur »Pinin«, der jüngste, schien verstanden zu haben, was die Nachkriegswelt erwartete, selbst wenn seine Kreationen auf Jaguar-Basis in den 50er Jahren überraschend und ungewöhnlich wirkten.

Das berühmte Jaguar/Farina-Trio fand schon auf der Ausstellung in Brüssel Abnehmer. Michel Demerbe erwarb das Coupé XK 120 , das bis 1984 in der gleichen Familie blieb. Dann verkaufte Michel Demerbe das »Flying Jaguar Coupé«, das in die Hände eines Automobilfans geriet, der es durch den Notar Poulain am 5. Dezember 1988 versteigern ließ. Es ging in den Besitz von Albert-Jean Pund-Hemelsdael über, wo es sich noch heute befindet.

XK 120 FARINA

Jaguar XK 120
Fhc by Farina (Coupé One Off) – 3,4 Liter – 1952
Bohrung × Hub: 83 × 106 = 3442 cm³
Reihen-Sechszylinder – 2 OHC
180 BHP – ca. 195 km/h
Sammlung Albert Pund (F)

SCHLICHT UND REIN

Als die Firma Jaguar 1951 beschloß, unter eigenen Farben Rennen zu fahren, hatte sie allen Grund, ihren Trümpfen zu vertrauen. Seit 1949 schien das Glück dem letzten hochbegabten Vertreter der Marke mit der etwas provozierenden Typenbezeichnung XK 120 hold zu sein: ob in Rallyes, Geschwindigkeits-Berg-, Pisten-, Lang- oder Kurzstreckenrennen, überall schnappte der XK 120 mit seinem prächtigen 3442 cm^3-Motor, einer wegen seiner ausgewogenen Gewichtsverteilung überdurchschnittlich guten Straßenlage und dank seiner einzeln aufgehängten Vorderräder der Konkurrenz die Siege vor der Nase weg; allerdings trug auch die in dieser schwierigen Nachkriegszeit kaum wettbewerbsfähige Konkurrenz ungewollt ihren Teil zum Erfolg der Jaguar bei.

1950 waren die ersten drei privat eingesetzten Roadster XK 120 auf der Rennstrecke der Sarthe aufgetaucht. Der Name Jaguar sollte nicht direkt mit diesem risikoreichen Rennabenteuer in Verbindung gebracht werden – eine begründete Vorsichtsmaßnahme, denn diese erste Teilnahme endete mit einer Niederlage. Trotzdem überredeten Heynes und Lofty England den Firmenchef zur Entwicklung eines offiziellen Rennwagens, der mit der Antriebseinheit, den Bremsen und den Elementen der Vorderradaufhängung des Serien-XK 120 ausgestattet werden sollte.

Immerhin fanden zwei grundlegende Modifikationen im Hinblick auf die endlose Hunaudières-Gerade statt: das zu schwere Chassis dieses Typs wurde überarbeitet und ein Spezialist auf dem Gebiet des Karosseriedesigns entwarf eine strömungsgünstigere Hülle für den offiziellen Jaguar. Statt des Serienrahmens entstand ein leichtes und steifes Gerüst aus Rohren unterschiedlichen Durchmessers, während Malcolm Sayer, ein Überläufer der Luftfahrtgesellschaft Bristol, der später noch viel von sich reden machte, eine strömungsgünstigere Karosserie mit optimiertem C_W-Wert entwarf.

Sayer hatte bei seinem Entwurf den Ferrari 166

MM Superleggera des Mailänder Karossiers Touring zum Vorbild genommen. Sayer entschied sich für glatte Linien im Stil eines Flugzeugrumpfes und gab dabei der Optimierung der Strömungsverhältnisse, der Verminderung der Auftriebskräfte und geglätteter Linien ohne störende Vorsprünge den Vorrang. Da der Stil der Funktion untergeordnet wurde, dachte man beim Anblick des neuen Jaguar unwillkürlich an die kühnen Entwürfe der italienischen Designer, die sich durch fließende Linien, einen maßvollen Stil unter Ausschluß überflüssigen Zubehörs oder übertriebener modischer Details auszeichnete. Lyons konnte angesichts der Sorglosigkeit, mit der sich Sayers über den mühevoll erworbenen Jaguar-Stil hinwegsetzte, eine gewisse Enttäuschung nicht verbergen. Nur der Kühlergrill blieb noch ein markentypisches XK-120-Merkmal.

Der in Rekordzeit entworfene und gebaute Jaguar XK 120C (C steht für Competition), der bald nur noch Typ C hieß, bewies gleich bei seinem ersten Einsatz in Le Mans seine Überlegenheit. Mit 938 kg Leergewicht und den 196 PS seines fast unverändert gebliebenen 3,4-l-Serien-XK-Triebwerks wartete der Typ C mit bemerkenswerten Leistungen auf: 230 km/h Spitze und 8,2 s für den Sprint von 0 auf 100 km/h. Im übrigen hatte man für den XK 120C zahlreiche Serienbauteile übernommen, denn mangels Zeit blieben die Modifikationen hauptsächlich auf die Gitterrohrstruktur, die Karosserie und die Hinterradführung beschränkt. Für den Rest der Mechanik waren die Serienteile fast unverändert zum Einsatz gekommen: der XK-Motor mit 83×106 mm-Bohrung/Hubverhältnis hatte lediglich auf 1⅝ Zoll vergrößerte Auslaßventile, eine neue Nockenwelle mit ⅜ Zoll Öffnungshub und neue Ventilfedern erhalten – alles Detaillösungen, mit denen in den mittleren Gängen oder bei kurzen Abstechern in die vierte Schaltstufe ein Vorstoß in die Zone der 6500/min möglich wurde. Gewölbtere Kolbenböden erhöhten das Verdich-

TYP C

Die charakteristische Jaguar-Karosserie war von einem gewissen Malcolm Sayer überarbeitet worden. Von nun an gab es zwei verschiedene Stilrichtungen bei Jaguar: die von William Lyons inspirierten XK- und MK-Baureihen und die C- und D-Versionen Malcolm Sayers. Man mußte schon aus der Flugzeugindustrie kommen, um dem Modediktat der XK zu trotzen!

tungsverhältnis von 8:1 auf 9:1, aber dem Konzept nach blieb der Motor unverkennbar ein XK 120, der im Typ C von 1951 sogar die beiden 1-Zoll-H6-Vergaser behielt – ein Beweis dafür, daß eine bessere Ausschöpfung des Leistungspotentials bei den Entwicklungsarbeiten kaum berücksichtigt worden war.

Eine der Besonderheiten des Typ C war seine Hinterradführung. Die Salisbury-Starrachse war nicht mehr, wie beim XK 120-Vorgänger, an elliptischen Blattfedern aufgehängt, sondern über Schubstreben und einen Längslenker an jeder Seite starr mit einem quer montierten Drehstab verbunden. Für die Lenkung wandte sich Jaguar an »Alford & Alder«, die ein vorbildlich leichtgängiges und präzises Zahnstangensystem lieferte. Bei der Vorderradaufhängung hatte man sich an das altbewährte Prinzip der doppelten Dreiecks-Querlenker und in Längsrichtung montierten Drehstabfedern gehalten. Abgesehen vom speziell für die Rennversion hinzugefügten unteren Dreieckslenker war das System der Produktionsmodelle übernommen worden. Auch die Trommelbremsen vorne und hinten, mit automatischer Nachstellung der vorderen Bremstrommeln, doppeltem Bremskreis und Zweikammer-Hauptzylinder waren Serienteile. Unverändert blieben ebenfalls die 16-Zoll-Dunlop-Drahtspeichenräder mit 650×16-Zoll-Reifen; der einzige Unterschied zum Serien-XK waren die Felgen aus Aluminiumlegierung; Nabe und Speichen bestanden weiter aus Stahl.

Der Sieg in Le Mans 1951 war, wie man sich unschwer vorstellen kann, kein Zufall. Jaguar beschränkte sich nicht auf diese eine Glanzleistung, sondern bewies, daß der Typ C die phantastischste Rennmaschine der Nachkriegszeit war, die sogar Rivalen wie Bugatti, Alfa-Romeo, Bentley oder Talbot hinter sich ließ. Seine Siege waren so zahlreich, daß man sich nicht mehr die Mühe machte, sie zu zählen. Die Verkaufsrate aller Jaguar-Fabrikate erreichte ungeahnte Höhen. Für die Saison 1953 ging Jaguar mit der Gewichtsreduzierung seiner werkseigenen C-Typen noch weiter, indem eine speziell für Le Mans bestimmte Kleinserie in Produktion nahm. Damit begann die Jagd auf jedes überflüssige Gramm mit der Verwendung noch dünnerer Alubleche, eines kleineren Querschnitts für die Rohre der Verbundkonstruktion, mit dem Austausch der Kupferdrähte der elektrischen Anlage durch Aluminiumdrähte, dem Einsatz eines Mini-Starters und einer Schwachstrom-Lichtmaschine, dem Einbau einer einzelnen, winzigen 12-Volt-Batterie, der Verwendung ultraleichter Scheinwerfer, und eines elastischen Gummitanks (Luftfahrttechnik).

Außerdem wurden unter kräftigem Rühren der Werbetrommel Scheibenbremsen der Marke Dunlop an allen vier Rädern eingeführt, eine echte Neuheit, mit der sich Jaguar wieder einmal einen Vorsprung vor der verblüfften, aber skeptischen Konkurrenz sicherte. Was die Motorisierung betraf, so hatte man für den Typ C 1951 die Antriebseinheit des Serienmodells XK 120 Version »Special Equipment« gewählt; mit dem C-Nachfolger von 1953 begann jedoch eine

Als reiner Rennwagen war alles am Typ C dem Geschwindigkeitsprinzip untergeordnet – auch das spartanische Cockpit bot dem Piloten bei Langstreckenrennen nur wenig Komfort.

neue Entwickungsphase: der C-Zylinderkopf dieses Jahrganges war mit drei 40 DCO-Weber-Vergasern statt der beiden 2-Zoll-SU-H8-Vergaser bestückt und mobilisierte damit beim nachdrücklichen Betätigen des Gaspedals ein Leistungsplus von 12 PS. 220 PS bei 5200/min, 50 Kilogram weniger – mehr bedurfte es nicht, um der Konkurrenz im Juni 1953 auf der Le Mans-Ringpiste wieder davonzufahren. Es war ein echter Triumph für die Marke, als die C-Typen als erster, zweiter, dritter, vierter und neunter ins Ziel kamen. An der Spitze dieser Armada in britisch-grünen Hüllen überfuhr das Team Rolt/Hamilton auf dem Typ C, Fahrgestellnummer XKC 051, die Ziellinie. Zum ersten Mal in der Geschichte dieses Rennens war die 4000 km-Grenze überschritten worden: 4088 km mit 170,336 km/h im Durchschnitt, 335 km mehr als der letzte vom Mercedes 300 SL unter Lang/Riess aufgestellte Rekord!

Duncan Hamilton, ein phantastisch schneller Fahrer, hatte beim Training den Rundenrekord verbessert, als Probleme auftauchten. Ein Artikel des ACO-Reglements besagte unmißverständlich, daß nur die beim offiziellen Meldeverfahren eingeschriebenen Wagen starten durften. Nun gab es aber zwei C-Modelle mit der Startnummer 18. Der Testpilot Norman Dewis war nach Le Mans gekommen, um mit einem Typ C ein paar Versuchsrunden zu drehen, dabei hatte man irrtümlicherweise ein zweites Mal die Startnummer 18 aufgeklebt. Einem vom Rennstall Ferrari an die ACO-Sportkommission gerichteter Einspruch wurde stattgegeben, mit dem Resultat, daß der Jaguar Typ C Nummer 18 Startverbot erhielt.

Tony Rolt und Duncan Hamilton ertränkten ihre Enttäuschung mit einem feuchtfröhlichen Gelage im Schloß von Madame La Motte in Le Mans, während der Chef sich anschickte, seinen beiden unglücklichen Piloten Rückenstärkung zu geben. Nach langem Hin und Her übte die Sportkommission Nachsicht und erkannte der britischen Mannschaft mildernde

Umstände zu. Rolt und Hamilton durften am gleichen Samstag um 16 Uhr starten. Wo aber steckten die beiden Piloten? Schließlich trieb William Lyons beide um 10 Uhr morgens in der Wirtschaft Gruber am Stadtplatz auf – aber in welchem Zustand! Die folgende Schocktherapie mit Unmengen schwarzen Kaffees verfehlte ihre Wirkung nicht, denn um 16 Uhr befand sich die Nummer 18 am Start neben den beiden anderen Typ C mit den Startnummern 19 und 20. Nachdem Nummer 18 dem Mercedes Nummer 17 unter Stirling Moss und Peter Walker einen Vorsprung gelassen hatte, ging der Jaguar in der zweiten Stunde in Führung, die er bis zum Ende des Rennens behielt, trotz des 4,5-l-Ferrari 375 MM des Teams Ascari/Villoresi, der dem Typ C bis zur 17. Stunde unerbittlich auf den Fersen blieb, und trotz des 5,4-l-Cunningham C5R, der einen ehrenvollen dritten Platz auf dem Podium errang.

Rolt und Hamilton waren ein perfektes Rennen gefahren, ohne das geringste mechanische Problem; zwei ungewöhnlich talentierte Piloten, die einen kühlen Kopf bewahrt hatten und vierundzwanzig Stunden lang mit der Regelmäßigkeit einer Präzisionsmaschine gefahren waren – nach der durchzechten Nacht eine phantastische Leistung.

Dieser historische Typ C, Fahrgestellnummer 051, wechselte danach häufig den Besitzer. Nach Saisonende 1953 ging er an den schottischen Rennstall von Duncan Hamilton, bevor er den Atlantik überquerte, wo er der Sammlung eines amerikanischen Automobilfans einverleibt wurde um einige Jahre später schließlich als Prunkstück der prestigereichen Sammlung Briggs Cunninghams seinen Platz einzunehmen. Im Jahr 1984 überzeugte Adrian Hamilton, Duncans Sohn, den Texaner Cunningham, daß dieser historische XKC 051 nirgendwo besser aufgehoben sei, als im Hamilton-Clan. Der Typ C kehrte also nach England zurück. Nach einer kompletten Wiederherstellung bei DK (David Cottingham) erhielt der Jaguar eine neue, originalgetreue Karosserie aus etwas dickeren Aluminiumblechen, weil die hauchdünne Rennhülle von 1953 fast unbrauchbar geworden war.

Knapp 1000 Kilo, ein ultraleichter Rohrrahmen, ein 235 PS starker Motor – und zwei unvergeßliche Siege in Le Mans kommen auf das Konto dieses Typ C von 1953.

LSF 420

Rennwagen für die Kunden, im Gegensatz zu den offiziellen Rennwagen der Marke. Die beiden

H8-Vergaser der Marke Skinners Union waren charakteristisch für das Jahr 1952.

RENNWAGEN FÜR DIE KUNDEN

Wenn der XKC 051 wegen seiner Leichtbauweise, seines Renntunings und wegen seines unvergeßlichen Sieges in Le Mans als Musterbeispiel der offiziellen Rennwagen der C-Baureihe angesehen werden kann, so ist der XKC 016 das beste Beispiel der Typ C-Kundenversionen.

Der am 16. Oktober 1952 im neuen Werk an der Browns Lane in Allesley zusammengebaute Typ C war das 16. Exemplar seiner Generation. Es wurde erst am 9. Januar 1953 an den Lyoner Markenhändler Henri Peignaux geliefert, der es Axel Glans, einem ebenfalls in Lyon wohnenden Kunden, aushändigte. Es war außer dem XKC 035 der einzige nach Frankreich verkaufte Typ C. Henri Peigneaux, Werkstattbesitzer, Markenhändler, selbst Rennfahrer und Leiter eines Rennstalls, spielte bei der Entstehung des Jaguar-Mythos in Frankreich eine wesentliche Rolle. Sein Unternehmen wurde bald das Zentrum militanter Markentreue und für zahlreiche Piloten Ausgangspunkt einer glänzenden Karriere.

Der XKC 016 begann seine Laufbahn in blauer Livree mit schwarzer Lederausstattung, dem Motor Nr. E 1016/8, der Antriebsübersetzung 3,54/1 und der Karosserie Nr. K 1016. Der von der Browns Lane gewählte Blauton hatte nichts mit dem Blau der nationalen Rennställe zu tun, das die Zuschauer an den Bugatti, Talbot oder den Delahaye zu sehen gewohnt waren; es handelte sich um ein ziemlich helles Blau, das dem im Jaguar-Katalog als »Pastel Blue« bezeichneten Farbton glich.

Wie alle 1952 herausgebrachten C-Typen war auch der XKC 016 mit zwei 2-Zoll-H8-Vergasern der Marke Skinners Union bestückt, die im Vergleich zu den 1-Zoll-H6-Vergasern der ersten Exemplare der Baureihe inklusive der drei Le Mans-Prototypen von 1951 eine beträchtliche Mehrleistung brachten. Der Motor E 1016/8 war praktisch das Aggregat des XK

120 Version »Special Equipment«, allerdings in einer allen E-Motoren eigenen speziellen Rennausführung. Diese H8 genannte Version leistete, je nach Verdichtung, zwischen 205 und 210 PS bei 5800/min. Die Zahl 8 der Motor-Kennziffer steht für das Verdichtungsverhältnis von 8:1, mit dem sich die Leistung auf 200 bis 205 PS erhöhte. Mit seinen 1050 kg, dem vorbildlich strömungsgünstigen Profil und seinen 200 PS brachte es der Typ C in der leistungsstärksten Version auf 225 bis 230 km/h – während der erste XK 120 Baujahr 1948 auf dem Autobahnabschnitt bei Jabbeke in Belgien »nur« 213,34 km/h schnell gewesen war.

1952 besaßen die C-Typen noch Trommelbremsen. Der XKC 016 machte keine Ausnahme, denn die Dunlop-Scheibenbremsen tauchten erst im Frühjahr 1953 bei den offiziellen Rennwagen der C-Baureihe in Le Mans auf.

Die echte Neuheit der C-Typen war ihr aus einer verschweißten Metallstruktur bestehendes Chassis, auf dem die Karosserieteile befestigt wurden. Es gab nur eine einzige Tür auf der rechten Seite, denn die C-Typen wurden nur mit Rechtslenkung herausgebracht. Das gesamte Konzept des Typ C war der Rennfunktion untergeordnet: die Mechanik gehorchte dem Prinzip der Leistungssteigerung und die spartanische Sportkarosserie dem Gesetz der Aerodynamik.

Kaum hatte Peigneaux den XKC O16 in Empfang genommen, setzte er ihn schon in zwei Frühlings-Wettbewerben ein: in der Sonnen-Rallye und bei der Mille Miglia. Die für Touren- und Sportwagen ausgeschriebene Sonnen-Rallye fand vom 29. März bis 2. April statt; Start und Ziel befanden sich in Cannes. Die beiden Kategorien waren in Hubraumklassen unterteilt. Die Teilnehmer maßen sich in vier Wettkämpfen, zu denen eine Sonderprüfung auf der Ringpiste von Montlhéry, ein Zuverlässigkeitsprüfung, ein Wettbewerb, der die Manövrierfähigkeit bewer-

70 80 90 100 110 120 130 140 150 160
11287
MPH
1000

ten sollte und ein Bergrennen im Hinterland von Cannes gehörten. Zwei C-Typen befanden sich am Start, XKC 016 und XKC 035, das zweite nach Frankreich an Jean Heurteaux verkaufte Modell der Baureihe. Unglücklicherweise fuhr sein Pilot, Luc Descollonge, schon während der ersten Trainingsrunden in Montlhéry gegen eine niedrige Mauer, weil eine Hinterachs-Zugstrebe plötzlich gebrochen war.

Das 1000 Meilen-Rennen, die Mille Miglia, war traditionsgemäß ein strapaziöser Wettbewerb in Form einer 1512 km langen, durch Norditalien führenden Rundfahrt. Die Marke war mit sechs C-Typen bei diesem gigantischen Volksfest vertreten, an dem ganz Italien wegen der quasi unschlagbaren italienischen Rennwagen begeistert Anteil nahm. In der Sportwagenkategorie und in der Hubraumklasse der C-Typen setzte sich das Teilnehmerfeld folgendermaßen zusammen: Fangio startete auf Alfa Romeo, de Tornaco und Swaters auf Ferrari 225, Marzotto auf Ferrari 250 MM, Kling auf Alfa Romeo, Donald Healey auf Austin Healey 100, Abecassis auf Aston Martin, Villoresi auf Ferrari 340 MM, Farina auf 340 MM, Tom Wisdom auf Aston Martin DB 2, Hawthorn auf Ferrari 250 MM, Castellotti auf Ferrari 340, Tony Rolt auf Jaguar Typ C, Gendebien, Fraikin, Stirling Moss und Johnson je auf einem Jaguar Typ C und natürlich die beiden französischen Typ C in den Händen von Jean Heurteaux und Luc Descollonges. Der XKC 016 Descollonges trug die Startnummer 601, was der Startzeit von 6 Uhr 01 entsprach – eine Tradition des 1000 Meilen-Rennens. Luc Descollonges bildete in diesem »MM«-Abenteuer (MM für Mille Miglia) mit Gilbert Union als Navigations-Copilot ein Team.

Fangio startete um 6 Uhr 02 dicht hinter Descollonges, gefolgt von Kling und Donald Healey im Minutenabstand. Die lange Rundstrecke begann in Brescia, führte über Ferrara, Ravenna, Ancona, Sienna, Bologna, Parma und endete wieder in Brescia.

Das Team Descollonges/Union passierte nie den

ersten Kontrollpunkt in Ravenna; zahlreichen Teilnehmern erging es ebenso, denn von den 589 Konkurrenten in Brescia waren nur 327 am ersten Kontrollpunkt gesichtet worden. Gilbert Union, der Navigator, kam in einem schweren Unfall ums Leben. Das bedeutete das Ende einer Rennkarriere, die für den Typ C noch nicht einmal richtig begonnen hatte. Das Wrack wurde nach Lyon zurücktransportiert, wo es zehn Jahre lang, in vier Teile zerlegt, den XK 120 als Reserve für Ersatzteile diente.

In der Rue Danton Nr. 35, Sitz der Firma Peigneaux in Lyon, gab es einen großen Bestand an Ersatzteilen und Modellen. 1970 fuhr Philippe Renault zur Bestandsaufnahme nach Lyon. Er hatte gehört, daß ein praktisch neuer XK 120 verkauft werden sollte; dabei handelte es sich um einen Typ D XKD 533, der vom Werk in einen XK SS umgebaut worden und nach seiner Rückkehr nach Lyon so gut wie unbenutzt geblieben war. So kam Philippe Renault für weniger als 50000 Francs in den Besitz eines neuen Jaguar XK SS!

Was den Typ C betraf, so ging er mitsamt einem Berg Ersatzteile nach nahezu einjährigen Verhandlungen mit Pierre Chemin, der die Firma Peigneaux übernommen hatte, ebenfalls in den Besitz Philippe Renaults über. Dann schlief der Typ C zehn Jahre lang in einem abgelegenen Winkel, denn die zu seiner Wiederherstellung nötigen beträchtlichen Mittel konnte sein Eigentümer erst dank eines Börsengewinns Anfang der 80er Jahre aufbringen.

Renault beauftragte den britischen Spezialisten John Harper mit der Instandsetzung, gleichzeitig aber auch mit der Rekonstruktion eines Puzzles, in dem zahlreiche Teile fehlten. Die Karosserie mußte auf einem nach den Originalwerten gefertigten Metallgerüst neu geformt werden. Alle übrigen Bauteile wurden wiedergefunden, so daß der XKC 016 im Jahr 1990 endlich in der Pracht seiner originalblauen Karosserie erstrahlte.

TYP C

XK 120 C
genannt Jaguar Typ C – 3,4 Liter – 1952
(Rennbarketta – Kundenversion)
Bohrung × Hub: 83 × 106 = 3442 cm³
Reihen-Sechszylinder – 2 OHC
220 BHP – ca. 230 km/h
Sammlung Philippe Renault (F)

WEGE ZUM CHROM

Die Kennziffer 120 stand zu Recht für die in Meilen ausgedrückte potentielle Höchstgeschwindigkeit des XK 120, aber beim XK 140 war das nicht der Fall, denn 140 Meilen oder 225 km/h blieben unerreicht. Der geschäftstüchtige Lyons spielte jedoch gerne mit der Phantasie des Publikums. Der neue Jaguar war die Verwirklichung so vieler Wunschvorstellungen, daß seinem Schöpfer die leichte Übertreibung verziehen werden kann; der XK 140 trug seine Typenbezeichnung hinsichtlich der Geschwindigkeit zwar zu Unrecht, aber der Kunde war über den Rest der Ware nicht getäuscht worden.

Der XK 140? Ein XK 120 ohne Kinderkrankheiten? Ein XK 120 im amerikanischen Stil? Ein Vergleich beider Typen hilft vielleicht, das Problem seiner Einordnung zu lösen. Betrachten wir zuerst die zahlreichen positiven Seiten: Als der XK 140 am 15. Oktober 1954 der Öffentlichkeit vorgestellt wurde, waren die Beobachter von Details beeindruckt, die äußerlich nicht in Erscheinung traten, die aber in geschickt aufgemachten Werbebroschüren gepriesen wurden. Vor allem fiel die Zahnstangenlenkung auf, denn man brauchte nur in das Auto zu steigen und das Lenkrad zu drehen, um festzustellen, wie leicht sich die Räder bewegten. Es war eine leichtgängige, präzise und ziemlich direkte Lenkung, die am Kurvenausgang leicht wieder in die Nullpunktlage zurückkehrte. Wenn der Unterschied zwischen den beiden Systemen (Kugelumlauflenkung des 120 und Zahnstangenlenkung des 140) bei hoher Geschwindigkeit auch nicht so sehr ins Gewicht fiel, machte sich die neue Lenkung des 140 im Stadtverkehr, bei reduziertem Tempo und beim Einparken umso angenehmer bemerkbar.

Die zweite Qualität bestand in der bemerkenswert guten Sitzposition, die sich wesentlich vom »Vintage«-Fahrstil im 120 unterschied: Die schlechte Richtungsstabilität des Roadster mußte in dem zu engen Cockpit mit dicht an den Oberkörper gepreßten Armen durch dauernde Korrekturen an dem direkt vor dem Brustkorb befindlichen Lenkrad ausgeglichen werden. Kein Zweifel, in punkto Fahrkomfort unterscheiden sich beide Typen grundlegend.

Er war das Resultat einer Neuordnung der Bauteile im Rahmen, zu der eine veränderte Motorposition, eine neue Lenkung, die Unterbringung der Batterien unter der Haube und ein auf diese Weise vergrößerter Innenraum gehörten. Der XK-Motor war um acht Zentimeter im Rahmen vorverlegt worden; die neue Zahnstangenlenkung, über einen mit zwei Kardangelenken versehenen Lenkstock mit dem Lenkrad verbunden, hatte zu einem optimaleren Neigungswinkel des Lenkrads geführt. Durch die geänderten Platzverhältnisse konnten die Sitze um einige Zentimeter zurückversetzt werden, was bisher durch die beiden direkt hinter den Sitzen untergebrachten 6-Volt-Batterien unmöglich gewesen war. Alles zusammen hatte einige kostbare Zentimeter Platz geschaffen, die im Cockpit des XK 120 so sehr gefehlt hatten.

Das Vorverlegen eines Motors im Rahmen bleibt nicht ohne Einfluß auf das Fahrverhalten des Autos: ob gut oder schlecht ist hier die Frage. Als der Vorgänger XK 120 entwickelt wurde, hatte man die Antriebseinheit ohne weitere Überlegung so eingebaut, wie es William Heynes gefühlsmäßig für richtig hielt. Für theoretische Studien fehlte die Zeit; erst später, bei Straßentests, stellte man mit Genugtuung fest, daß sich das Auto so verhielt, wie man es von einem ultraschnellen Sportwagen erwarten durfte. Dank des automobilistischen Instinkts William Heynes besaß der XK 120 ein perfektes Fahrverhalten, eine überraschend ausgewogene Gewichtsverteilung und eine unerwartet gute Straßenlage. Einer der großen Fortschritte des XK 120 in den Jahren 1949–1950 war gerade seine perfekt ausgewogene Bauweise – mit Ausnahme vielleicht der Bremsen, die damals als besonders wirksam galten, für den Rennbetrieb aber nicht ganz ausreichten. Der Roadster XK 120 Baujahr

Ein Vergleich zwischen den 120- und 140-Versionen der XK-Baureihe drängt sich geradezu auf. Die Karosserie ist bei beiden Modellen gleich, aber mit der Einführung einer modernen Zahnstangenlenkung bot das Chassis des XK 140 eine fortschrittlichere Lösung.

1948 übertraf in diesem Punkt bei weitem die britische und kontinentale Automobilproduktion, sowohl wegen seiner unbestreitbaren Qualitäten als auch wegen der Eleganz seiner Erscheinung. Man erinnere sich nur an die 2-l-AC, die Alvis 14 und 21, die Austin A 90, die Hillman Minx, die Invicta, die Lagonda 2,6 l und die Daimler DB 18 Sport-Special, um den Enthusiasmus der begeisterten Anhänger der Marke zu verstehen.

Aber kehren wir zu unserem XK 140 zurück und zur Frage, ob der vorverlegte Motor die ausgewogene Gewichtsverteilung und damit Straßenlage und Fahrverhalten nicht nachteilig beeinflußt hatte. Die Antwort lautet nein, aber mit einer kleinen Einschränkung: die leichte Neigung zum Übersteuern des 120 hatte sich beim 140 in merkliches Untersteuern verwandelt; als Faktum nicht weiter tragisch, nur gewöhnungsbedürftig. Der Fahrer, der beim 120 durch die leicht ausbrechenden Hinterräder an das frühe Driften zum Kurvenscheitelpunkt gewöhnt war, mußte den 140 im Gegenteil durch stärkeren Lenkradeinschlag zur Kurvenmitte dirigieren; es bedurfte also nur eines anderen Fahrstils, mindestens ebenso stimulierend wie im XK 120, der aber einer gewissen Anpassungszeit bedurfte. Dagegen bedeutete die neue Zahnstangenlenkung eine uneingeschränkte Verbesserung. Sie stammte von »Alford & Adler« und war von Jaguar schon in der Rennversion Typ C eingesetzt worden. Das bedeutete, daß man vor keinem Aufwand zurückschreckte, um den XK 140 noch fortschrittlicher zu gestalten als seinen Vorgänger 120. Das Zahnstangensystem gewährte einen besseren Kontakt zur Straße; es war leichtgängiger und präziser, was sich vor allem bei höheren Geschwindigkeiten bemerkbar machte, dagegen vergrößerte sich der Wendekreisdurchmesser beträchtlich. Jaguar, um größtmöglichen Fahrkomfort bemüht, hatte das Zahnstangengehäuse über zwei Gummilager im Sandwich-Stil am Chassis befestigt, um die Unebenheiten der Straßendecke abzufangen und die Schwingungen weitgehend vom Lenkrad fernzuhalten.

Auch die Motorleistung hatte sich beträchtlich verbessert: die alte, »Special Equipment« genannte 190-PS-Version, die den stärksten XK 120 vorbehalten war, wurde zur Standardversion des XK 140, während Jaguar eine 210-PS-starke Sportvariante für den neuen Typ anbot, die sich ebenfalls Special Equipment nannte und aus einem ziemlich explosiven Gemisch bestand. Zu den Komponenten gehörten vor allem der Typ C-Zylinderkopf und ein von einem Ende des Chassis zum anderen reichender Integral-Doppelauspuff mit zwei getrennten Schalldämpfern.

Der C-Zylinderkopf war keine echte Neuheit, aber die Marke gab ihm mit drei sichtbaren Merkmalen einen offiziellen Anstrich: einem erhaben gegossenen »C« in der Mitte des »V«, einem auf jedem Steuergehäusedeckel angebrachten Markenschild mit der Aufschrift »Jaguar C-Type« und rotlackierte Gußteile des Zylinderkopfes – ein Vorgriff auf den »Testa Rossa«.

Mehr PS also, aber leider auch mehr Kilos: mit seinen 1400 kg kam der Serien-XK 140 nicht schneller voran als sein 120-Vorgänger, aber dafür beschleunigte er dank seiner neuen, energiegeladenen Antriebseinheit in nur 8,6 s von 0 auf 100 km/h.

Erstaunlicherweise brachte die XK-Baureihe von dem Moment an im Rennbetrieb nichts mehr ein, als ihre Modelle ihr mechanisches Optimum erreicht

hatten. Der XK 120 hatte zwar alle erreichbaren Siege in Rennen und Rallyes für sich verbuchen können, aber der stärkere XK 140 war nicht mehr imstande, die Herausforderung anzunehmen. Die Erklärung? Die Konkurrenz und der »Lauf der Zeit«. 1954 war das XK-Konzept schon sechs Jahre alt und – wenn auch noch kaum merklich – bereits überholt. Der XK 140 setzte die Tradition fort, aber in einem anderen Register: nicht mehr im Rennsport, sondern im Sport ohne Wettbewerbsambitionen; mit sportlichen 200 km/h an Bord eines prachtvollen Autos.

Nach den »Kinderkrankheiten« könnte die zweite Identitätsphase des XK 140 als eine gewisse Tendenz zum Amerikanismus, oder zumindest als offen bekundete Absicht bezeichnet werden, dem amerikanischen Publikum zu gefallen, das trotz Kritik an einigen Details den XK 120 begeistert aufgenommen hatte. Lyons, der mit großer Aufmerksamkeit alles verfolgte, was jenseits des Atlantiks gesagt und geschrieben wurde, wußte genau, wie die Exportziffern auf einem idealen Niveau gehalten werden konnten.

Der 140 war, wie bereits festgestellt, kein schlicht »gelifteter« 120 mit großen Stoßstangen. Trotz der identisch scheinenden Karosserie waren zahlreiche Details im Hinblick auf den amerikanischen Absatzmarkt grundlegend geändert worden. Was wollten die Amerikaner? Mehr Platz, vor allem zwei zusätzliche Notsitze im Heck, Automatikgetriebe, echte Stoßstangen und ein bißchen mehr »Straß« auf der Karosserie dieses Autos, das sie zwar großartig, aber etwas schmucklos fanden.

Damit wäre die Identität des XK 140 bereits geklärt. Die zusätzlichen Notsitze waren im Coupé und Cabriolet zu haben, das Automatikgetriebe ebenfalls. Alle Modelle der Baureihe erhielten großzügige Stoßstangen mit ebenfalls großdimensionierten Hörnern, und die Karosserie des XK 140 wurde mit neuen Chromteilen geschmückt. Im Gegensatz zur 120er Baureihe, deren drei Versionen in fünfjähriger Produktionsdauer nur allmählich eingeführt worden waren, stand der XK 140 sofort als eleganter Roadster, komfortables Cabriolet und als vielseitiges Coupé zur Verfügung.

Der Roadster war zweifellos das gelungenste Modell der 140er Reihe und gleichzeitig dasjenige, das dem Basiskonzept des 120 am nächsten kam. Das Verdeck verschwand ganz hinter den Sitzen, so daß sich die Linie, im Profil gesehen, ohne Unterbrechung (von Türausschnitten und Windschutzscheibe abgesehen) von der Haubenspitze bis zur Rundung des Hecks hinzog. Glücklicherweise war der Roadster vom Virus »Notsitze und Automatikgetriebe« unberührt geblieben und wartete unverändert mit der traditionellen, etwas egoistischen Fahrfreude zu zweit auf. Die für diesen Fahrzeugtyp geläufige Bezeichnung »Roadster« ist, wie jedermann weiß, ein Amerikanismus. Die Briten und Jaguar nennen ihn »Open-Two«. Jedenfalls war das Fahren im Roadster echter Sport: es gab kaum Wetterschutz, eine abnehmbare Windschutzscheibe, tief ausgeschnittene Türen, allzu leichte »Sidescreens«, die mit zwei Schrauben auf den Türoberseiten befestigt wurden, ein schlichtes Verdeck, das über einer noch schlichteren Armatur festgezurrt wurde – kälteempfindliche Passagiere verzichteten wohlweislich auf diese speziellen Fahrfreuden.

In der 140er Baureihe war der Roadster leichter, aber nicht schneller als das Coupé, dessen runder Dachaufbau einen besonders strömungsgünstigen Effekt hatte. Auf jeden Fall war das Fahren im Roadster aufregender als in den anderen Jaguar, und das war wohl das wichtigste, oder etwa nicht?

Ästhetische Details und zahlreiche Chromteile fallen sofort ins Auge. Ist der XK 140 nur ein von seinen Kinderkrankheiten befreiter 120?

XK 140

Jaguar XK 140
Roadster – 3,4 Liter – 1955
Bohrung × Hub: 83 × 106 = 3442 cm³
Reihen-Sechszylinder – 2 OHC
210 BHP – ca. 205 km/h
Sammlung Jacques Allard (F)

REVOLUTION IN STIL UND TECHNIK

Der Typ D war nicht nur unerhört leistungsfähig, sondern auch geradezu betörend schön. Bei der offiziellen Einführung im Jahr 1954 herrschte respektvolles Schweigen, so überzeugt waren Presse und Publikum, ein echtes Meisterwerk vor sich zu haben. Selbst wenn der erste Einsatz in Le Mans nur einen zweiten und vierten Platz einbrachte, war sofort klar, daß der Sieg nur eine Frage der Zeit sein konnte.

Was war eigentlich revolutionär am Typ D im Vergleich zum C-Vorgänger? Zum ersten Mal hatte Jaguar bei einem Rennwagen darauf verzichtet, die Karosserie nur als Hülle eines Fahrgestells zu sehen. Mit dem Konzept der »selbsttragenden« Struktur hatte er eine fest verbundene Einheit von Aufbau und Bodengruppe geschaffen. Adieu, Rohrrahmen vom Typ C, adieu Längs- und Querträgerchassis vom Typ XK 140, der Typ D besaß kein unabhängiges Fahrgestell mehr, sondern eine neuartige Struktur aus vernieteten Aluminium-Magnesiumblechen, die eine elliptisch geforme Mittelzelle bildeten, an der ein vorderer Hilfsrahmen aus Rohren quadratischen Querschnitts für Motor, Radaufhängung, Lenkung und Bremsen angeschweißt war – ein im Jahr 1954 geniales und gewagtes Konzept. Ein Vergleich mit zeitgenössischen Rennwagen genügt, um sich eine Vorstellung von der Revolution in Stil und Technik zu machen, die sich mit dem Typ D vollzog.

Malcolm Sayer, der den Typ D entworfen und entwickelt hatte, kam aus der Flugzeugindustrie. Die unvoreingenommene Haltung, mit der er die Welt des Automobils entdeckte, wirkte sich nicht nur auf den aus der Luftfahrt übernommenen, auf den Gesetzen der Aerodynamik basierenden Karosseriestil aus, sondern auch auf das klassische Konzept des Fahrwerks. Schon beim Typ C Baujahr 1951 (der eine Verbundkonstruktion mit Rohrrahmen besaß) hatte man das aerodynamische Konzept in die Karosserie einbezogen; so war es nur natürlich, daß beim Nachfolger der Rahmen ganz aufgegeben und eine noch

aerodynamischer geformte, selbsttragende Karosserie eingeführt wurde.

Der Typ D war vor allem leichter, steifer und noch strömungsgünstiger profiliert. Außerdem war er der erste Rennsportwagen, der unter konsequenter Anwendung aerodynamischer Gesetze hergestellt wurde. Malcolm Sayer hatte sich zwar beim Typ C den Anweisungen William Lyons gebeugt und prioritär eine deutlich sichtbare Ähnlichkeit zwischen dem XK 120 und dem neuen Rennwagen zum Ausdruck gebracht, aber beim Typ D wollte er »ex nihilo« eine ganz auf der Mathematik basierende und nur durch einen Hauch schöpferischer Sensibilität gemilderte Form schaffen. Malcolm Sayers haßte die Bezeichnung »Stilist«, weil mit ihr die Vorstellung all dessen verbunden war, was er zutiefst verabscheute: Kunst als Selbstzweck, »gefällige« Formen und »modische« Erfindungen, die nicht auf den Gesetzen der Aerodynamik beruhten. Für Sayers waren auf richtigen und präzisen Berechnungen basierende Formen zwangsläufig schön, weil Schönheit nur die logische Konsequenz einer vom Menschen zur Vollkommenheit erhobenen natürlichen Funktion ist.

Sayers war zweiundzwanzig Jahre alt, als er in der »Bristol Aeroplane Company« eintrat, wo er sich zehn Jahre lang mit der harten Wirklichkeit des »Leichten, das Schweres trägt« auseinandersetzte und folgende unumstößlichen Gewißheit erlangte: jeder Punkt der Karosserie muß mit Maßzahlen versehen werden, damit derjenige, der den ersten »Master« anfertigt, nicht in Versuchung gerät, eine Form nach seinen persönlichen Empfindungen zu interpretieren. Mathematik, dreidimensionale Geometrie, nichts blieb dem Zufall überlassen. Sayers Pläne waren mit Zahlen übersät, so daß die ersten Versuchsmodelle fast ohne seine Anweisungen ausgeführt werden konnten. Alle Mitarbeiter, die in Coventry unter seiner Leitung gearbeitet hatten, erinnern sich an einen Menschen von höchster Präzision, dessen Blaupau-

· MUCH MARCLE ·
'S GARAGE & SERVICE DEPÔT
RAC
SHELL
NATIONAL
BENZOLE
PETROL
UNIPART
XSV979
UK
UK

sen so genau waren, daß es aussah, als befände sich das fertige Modell in drei Dimensionen auf dem Zeichentisch.

Auf dem Gebiet der Aerodynamik führt Intuition meist in die Irre, weshalb Malcolm Sayer oft und gerne wiederholte: »Nehmen Sie sich vor allem in acht, was ›hübsch und aerodynamisch‹ aussieht«.

Als Sayer 1950 bei Jaguar eintrat, waren seine Arbeitsmethoden in Coventry absolutes Neuland für die Firma. Nach den Siegen des Typ C 1951 in Le Mans konnte sich sogar der intuitive Ästhet William Lyons der Richtigkeit der Theorien und Methoden seines Chefdesigners nicht mehr verschließen. Der Typ D war daher in Form und Struktur wirklich ein reines Sayer-Fabrikat.

Sayer wurde oft kopiert. Als Beispiel seien vor allem die von einer strömungsgünstig geformten Verkleidung aus Plexiglas umgebenen Scheinwerfer erwähnt, mit der eine saubere, von allen »C_W-Fallen« befreite Form geschaffen werden sollte.

Ab 1953 arbeitete Malcolm Sayer an der Modellgeneration, die auf den Typ C folgen sollte. Wer in der Welt des Automobils kein Nachzügler sein will, muß der Konkurrenz immer um eine Kopfeslänge voraus sein. 1953 wurde ein merkwürdiger Zwitter-Prototyp ausgestellt, der keine C-Karosserie mehr besaß, aber auch noch nicht die selbsttragende Struktur des D Nachfolgers aufwies. Er nannte sich C/D und war nur als Übergangsmodell gedacht.

Der Typ D entstand unter strengster Geheimhaltung in den Zeichenbüros, in der Werkstatt der Prototypen und im Windkanal von Farnborough, denn der Typ D war ein echtes »Geschöpf der Luft«.

Monsieur de Lapalisse hätte bestimmt gesagt, daß die neue Rennmaschine der Marke zum Siegen geschaffen wurde; kein Wunder, denn das 24-Stunden-Rennen von Le Mans besaß internationale Bedeutung und ein Sieg hatte so beträchtliche wirtschaftliche Auswirkungen, daß eine Firma wie

Der Stil Malcolm Sayers setzte sich durch. Sayer schuf ein Meisterwerk nach dem anderen, ohne sich zu wiederholen. Sein Typ D ist das Musterbeispiel des Rennwagens der fünfziger Jahre.

Das Luftleitelement hinter der Kopfstütze war einfach hinzu montiert worden; der Übergang ohne Paßstück ist gut zu erkennen.

Jaguar fast zum Siegen verurteilt war, wenn sie ihr Markenimage mit sportlichem Charakter behalten und festigen wollte. Der Typ C hatte 1951 und 1953 den Weg gebahnt, jetzt war die Reihe am Typ D, die Spur zu verbreitern und es dem brillanten Vorgänger gleichzutun.

Im Frühjahr 1954, ein paar Wochen vor dem Rennen, war der erste D-Prototyp (Fahrgestellnummer XKC 401) einsatzbereit. Äußerlich unterschied er sich vom C/D-Übergangsmodell durch eine aerodynamisch profilierte, formvollendet in das Heckprofil integrierte Kopfstütze und durch gelochte Dunlop-Aluminiumräder. Beide Wagen nahmen im April 1954 Seite an Seite unter Tony Rolt (Prototyp D) und Peter Walker (Prototyp C/D) an privaten Testfahrten teil. Es ist vielleicht nicht uninteressant zu erfahren, daß der C/D kurz zuvor von Norman Dewis, dem bewährten Testfahrer der Marke, auf dem bekannten Autobahnabschnitt bei Jabbeke in Belgien einer Testserie unterzogen worden war, während der Dewis 287 km/h erreicht hatte. Außerdem hatte Jaguar einen speziell für diesen Anlaß präparierten Roadster XK 120 nach Belgien geschickt, dessen Cockpit statt des Dachaufbaus mit einer Kuppel aus Perspex umgeben war, die dem Piloten Schutz bieten, vor allem aber störende Luftwirbel vermindern sollte. Norman Dewis testete beide Autos, und als der XK 120 auf dem Betonband losbrauste, stellte Dewis mit größter Überraschung fest, daß der »biedere« 120 nicht viel langsamer war als der Prototyp, denn der elektronische Zeitmesser hatte 277,4 km/h registriert, also nur 10 km/h weniger als beim C/D. Die empirischen, handwerklichen und »künstlerischen« Fertigungsmethoden des »Boss« hatten scheinbar doch ihre Richtigkeit.

Gleich bei der ersten offiziellen Trainingsperiode im Juni 1954 brachte der Typ D die etablierte Konkurrenz ins Wanken, darunter sogar die großen 4,9-l-Ferrari. Eine Neuheit, die Anhänger fand, war die zu

Beim Typ D ist die strömungsgünstige, fließende Linienführung noch betonter als beim C-Vorgänger.

M.P.H.
SMITHS
02668

Um die Aerodynamik auf der endlos langen Geraden der Hunaudières in Le Mans zu verbessern, modifizierte Malcolm Sayer 1956 Bug und Heck des Typ D. Die verlängerte Front trug ihm den Spitznamen Long Nose ein, so daß der Vorgänger nur noch Short Nose hieß.

einem Luftleitelement verlängerte Kopfstütze, die auf der langen Hunaudières-Geraden die Funktion eines Stabilisators übernehmen und den Jaguar besser auf Kurs halten sollte; außerdem sollte sie dem Piloten, der auf diesem halsbrecherischen Streckenabschnitt alle 13,5 km das Tempo von 270 km/h überschreiten mußte, um schließlich nach einer Gewaltbremsung die 90-Grad-Kurve von Mulsanne nehmen zu können, eine gewisse Entspannung ermöglichen.

Seiner Struktur nach war der Typ D nichts weiter als eine einfache, an beiden Enden geschlossenen Zelle ovalen Querschnitts, an dessen Oberteil sich zwei eiförmige Öffnungen für Piloten und Beifahrer befanden. Mit dieser Zelle, deren Bleche aus Magnesiumlegierung bestanden, war eine vordere Rohrstruktur verschraubt, in der die bewährte XK-Antriebseinheit, Kühler, Öltank, Batterie und die Zahnstangenlenkung untergebracht waren und an der sich die Dreieckslenker und Drehstäbe der Radaufhängung abstützten. Im Heck trug ein einfacher Hilfrahmen den 166 Liter fassenden Kraftstofftank, das Reserverad und natürlich das Heck der Karosserie, das wie ein unabhängiges Bauteil mit der Mittelzelle verschraubt war. Das gleiche Konstruktionsprinzip galt für die Front, die wie beim Typ C aus einem einzigen Leichtmetall-Bauteil mit Haube und integrierten Kotflügeln bestand, an Scharnieren aufklappte und so einen idealen Zugang zur Mechanik gewährte. Diese originelle Stilübung verlieh dem Typ D seinen ganz besonderen Charakter, in dem sich brutale Kraft mit fast sinnlicher Eleganz vereinte.

Die echte Neuheit des XK-Motors war sein unzutreffend »Trockensumpf« genanntes Schmiersystem, mit dem die Höhe des Motorgehäuses reduziert und der Motor niedriger eingebaut werden konnte, was außer einer niedrigeren Schwerpunktlage den Vorteil einer kleineren Frontfläche bot. Aber vor allem konnte wegen der größeren Ölmenge und der im

Das hier stufenlos in die Kopfstütze übergehende Luftleitelement betonte noch die fließenden Linien des Hecks. Der Pilot saß alleine im Cockpit, die Windschutzscheibe hatte einem kleinen Windschutz aus Perspex Platz gemacht. Die Long Nose-Version war die leistungsstärkste der Reihe.

Gegensatz zur einzelnen Zahnradpumpe des Typ C bedeutend wirksameren neuen Förderpumpen eine bessere Kühlwirkung und daher eine optimalere Motorschmierung erzielt werden. Wenn die Trockensumpfschmierung auch eine große Bedeutung hat, weil selbst bei höchsten Drehzahlen ein kontinuierlicher Ölfilm erhalten bleibt und eine gute Motorkühlung garantiert ist, so bringt sie doch kein einziges Mehr-PS ein. Bill Heynes, Chefingenieur der Firma und Harry Weslake, beratender Spezialist in Sachen Zylinderkopf, überarbeiteten deshalb den oberen Teil des XK-Motors, um einige kostbare zusätzliche PS aus ihm herauszuholen, mit denen er die magische 250 PS-Grenze erreichen konnte. Zu diesem Zweck wurden das Ansaug- und Auspuffrohr neu entworfen und neu profiliert, die drei 40 DCO-Weber-Vergaser durch drei 45 DCO-Weber-Vergaser ersetzt, der Durchmesser der Einlaßventile von 1¾ auf 1⅞ Zoll vergrößert, mit der Vorverlegung der Einlaßöffnungszeit bei gleichzeitiger Verzögerung der Auslaßschlußzeit das Steuerzeitendiagramm modifiziert und schließlich die Form der Einlaßkanäle im Zylinderkopf leicht modifiziert. Alle diese Detaillösungen brachten zusätzlich 20 PS ein.

Auch bei der Kühlung hatte man Neues ersonnen: zwischen Kühlerblock und Motor war ein Zwischentank eingebaut, durch den das Kühlwasser fließen mußte, bevor es in den Kühler gelangte. Auch das Getriebe unterschied sich grundsätzlich von demjenigen des Typ C, das im Grunde unverändert vom XK 120 übernommen worden war. Es handelte sich um ein vollsynchronisiertes Vierganggetriebe, dessen Arbeit ebenfalls durch ein höchst wirkungsvolles Schmiersystem unterstützt wurde.

Die Scheibenbremsen unterschieden sich im Aufbau nur wenig von denjenigen des Vorgängers von 1953: Bremssättel mit drei Kolbenpaaren für die vorderen Bremsscheiben und vernünftigere Bremssättel mit zwei Kolbenpaaren hinten. Der Bremskraftver-

RSF302
DUNLOP

stärker arbeitete dagegen nicht mehr mit dem oberhalb des Ansaugtraktes herrschenden Unterdruck, sondern mit einer Hochdruckpumpe, die mit der Antriebswelle im Eingriff stand. Die Hinterradführung bot wenig Überraschungen: Bill Heynes hatte sich mit dem bewährten System des Typ C, der Salisbury-Starrachse begnügt, die an einer einzelnen, im Mittelteil mit Immobilisierungskerben versehenen, quer montierten Drehstabfeder aufgehängt war. Die Lenkung blieb unverändert, und das nicht ohne Grund, denn es gibt wohl kaum eine präzisere Lenkung als das schon bei den C-Typen eingesetzte Alford & Alder-Zahnstangensystem. Aus der Luftfahrttechnik stammten die beiden Gummitanks, die im Nacken des Piloten untergebracht und von einem schützenden Aluminiumgehäuse umgeben waren.

Der Typ D wurde oft kopiert, aber kein anderes Rennsportmodell kam ihm gleich. In ein paar Monaten bemächtigte sich jedermann der stilistischen Erfindungen Malcolm Sayers, zu denen u. a. die verkleideten Scheinwerfer, die zum Stabilisator verlängerte Kopfstütze des Piloten, die schnauzenförmig zugespitzte Front mit elliptischer Luftöffnung, die aufklappbare Integral-Frontpartie gehörten, eigentlich war es schon kein Plagiat mehr, sondern ein regelrechter Ideendiebstahl, der den Jaguar in ein paar Monaten weltweit bekannt und wahrscheinlich zum Musterbeispiel im Sportwagenbau der 50er Jahre machte. Paradoxerweise standen die Produktionsziffern in keinem Verhältnis zu seinem Ruhm, denn in zwei Jahren entstanden nur 77 Exemplare, unter denen sich die XK SS genannten Straßenversionen befanden.

Während der kurzen Rennkarriere des Typ D fanden nur fünf größere Modifikationen statt: bei den Werkswagen wurde die Haube verlängert, was den Rennwagen Baujahr 1955 den Spitznamen »Long nose« eintrug; der Stabilisator wurde mittels eines runden Zwischenstücks in die verlängerte Kopfstütze

Short Nose neben Long Nose – jeder weitere Kommentar ist überflüssig!

integriert; die vordere Rohrstruktur war nicht mehr mit der Mittelzelle verschweißt, sondern verschraubt und konnte daher leicht abmontiert werden; der neue »Wide-angle«-Zylinderkopf von 1955 mit seinen 2-Zoll-Einlaßventilen und 1 11/16-Zoll-Auslaßventilen, der die Leistung auf 270 PS erhöhte, und als letztes eine indirekte Einspritzung der Firma Lucas.

Zum Schluß sei noch erwähnt, daß der schnellste aller D-Typen in Bonneville/Utah mit 298,42 km/h gezeitet wurde. Ein glänzende Empfehlung für einen Spezialisten der Aerodynamik und genialen Designer.

TYP D

Jaguar Typ D
3,4 Liter – 1956
»Long Nose« (Rennbarketta)
Bohrung × Hub: 83 × 106 = 3442 cm^3
Reihen-Sechszylinder – 2 OHC
250 BHP – ca. 255 km/h
Sammlung Paul Vestey

CONNAUGHT-JAGUAR

DER HAIFISCH

Der für die »Tasman«-Rennformel gebaute Connaught-Jaguar verdient seinen Platz in diesem Buch genauso wie die anderen Spezialkonstruktionen. Dieser Renn-Einsitzer ist eine fabelhafte Stilstudie mit einer traumhaft schönen Karosserie und einem Chassis, das allem, was damals auf diesem Gebiet gebaut wurde, haushoch überlegen war, Ferrari inbegriffen. Warum wurde der Connaught ein Jaguar und kein Ferrari? Es lohnt sich, die Geschichte dieses Modells zu erzählen.

Es war einmal eine britische Firma mit dem Namen »Continental Cars Ltd.«, die Bugatti in Großbritannien vertrieb. »Connaught Engineering Ltd.«, ihre auf dem Rennsektor spezialisierte Filiale, war ein unbedeutendes kleines Unternehmen mit zwei Drehbänken, einer Universal-Fräsmaschine, einer Schleifmaschine, einem Entwicklungsbüro mit ein paar Zeichenbrettern in einem Abstellraum hinter der Küche... und einem tüchtigen, gut eingespielten Team: Rodney Clarke, die Seele des Ganzen, war Ingenieur, Planer und Rennfanatiker; Mike Oliver, Testpilot; »Johnny« Johnson, Chefzeichner und Kenneth Mac Alpine der obligatorische Kreditgeber, denn mit Enthusiasmus und einer gewissen Dosis Verwegenheit alleine war es nicht getan, wenn man Grand-Prix-Monoposti bauen wollte – dazu gehörte schon das nötige Budget.

Die Connaught stellten ihre Meisterschaft in der Formel 1 unter Beweis, aber der kleinen Herstellerfirma fehlten bald die nötigen Mittel, so daß sich Connaught Engineering Ltd. ab 1955 nur dank kleiner, sich täglich wiederholender Wunder über Wasser halten konnte. 1956 kam das unwiderrufliche Ende und am 17. September 1957 wurden die in Einzelposten aufgeteilten Vermögenswerte versteigert. Drei Tage dauerte der Verkauf der sechs Formel 1-Connaught, der fünf Transport-LKW, der Werkzeugmaschinen und der Ersatzteile. Die Rennerfolge waren der kleinen Firma in Send/Surrey über den Kopf gewachsen.

Bevor sich die Firma Connaught an die Formel 1 gewagt hatte, war sie mit dem Modell »A« über die Formel 2 zum Hochleistungs-Rennsport gekommen. Mit der Serie »B« debütierte die Firma in Rennen von internationalem Ruf, wie Reims, Monaco, Silverstone, Zandwoort, Monza und Syrakus und verdiente sich damit ihre Mitgliedschaft im exklusiven Klub der Rennwagenkonstrukteure.

Bei Konzept und Entwurf »ihres« F1 wetteiferten Rodney Clarke und Johnny Johnson in genialen Einfällen; der erste entwickelte für das Fahrgestell, der zweite formte eine phantastische, aus einem einzigen Bauteil bestehende Aluminiumkarosserie in Haifischform. Ein integral karossiertes Fahrgestell war damals bei einem Formel 1-Rennwagen ein gewagtes und ungewöhnliches Konzept, an das sich nur wenige Marken wie Mercedes mit seinem W 196 und Maserati mit in die Karosserie integrierten Radabdeckungen gewagt hatten. Die Fertigung nach den vorliegenden Skizzen begann in der Mitte des Jahres 1953, die Karosserie sollte im Oktober zur Ausstellung bereit sein.

Das auf der Basis von 2290 mm Radstand und 1270 mm Spurweite gebaute Fahrgestell war eine Zweirohrstruktur mit einem Aufbau aus Rohren kleineren Durchmessers. Die Vorderräder waren einzeln an doppelten Dreiecksquerlenkern und zu Federbeinen zusammengelegten Schraubenfedern und Stoßdämpfern aufgehängt; hinten besaß der Connaught eine De Dion-Achse. Die Gesamtstruktur zeichnete sich durch eine ausgezeichnete Federung, eine perfekt ausgewogene Gewichtsverteilung und eine hervorragende Lenkung aus; der einzige Schwachpunkt waren die Vorderradbremsen, die schnell heiß wurden, aber nicht schnell genug abkühlten.

Zur Motorisierung hatte Rodney Clarke auf einen werkseigenen Formel 2-Vierzylinder vom Typ »Alta« zurückgegriffen, ein überquadratischer Motor

10

(93,5×90) mit 2470 cm³ Hubraum, der in seiner leistungsfähigsten Version 240 PS bei 6400/min entwikkelte. In der Praxis zeigte sich dieses kleine Triebwerk nicht ganz so rasant; vor allem gab es nur selten seine maximale Leistung ab. Es war an ein großes und schweres Armstrong-Siddeley-Vorwahlgetriebe angeflanscht, das aber einen schnellen Gangwechsel möglich machte und gleichzeitig als Nebeneffekt eine höchst willkommene Motorbremswirkung erzielte. Ein anderes, hoch geschätztes Merkmal war die unkomplizierte Modifikation der Endübersetzung, die bei der De Dion-Achse mittels eines auswechselbaren, von hinten zugänglichen Stirnradpaares stattfand.

Die spektakuläre Wirkung des Connaught beruhte ohne Zweifel auf seiner phantastischen »Stromlinien«-Karosserie. Der Pilot saß in seinem Cockpit, als trüge ihn dieser Wellenfluß aus Aluminium, der ihn vom Bug zum Heck umspielte. Eine riesige Schwanzflosse unterstrich noch den Charakter dieses Monoposti.

Als der Prototyp B1 im August 1954 der Presse vorgestellt wurde, machte er großen Eindruck; man verglich ihn unwillkürlich mit dem im Juni des gleichen Jahres herausgebrachten Typ D , dessen Karosserie ebenfalls ein besonders stilgerechtes Schwanzteil zierte.

Die Rennkarriere der Connaught, die erst im Laufe der Saison 1955 begann, erreichte am 23. Oktober mit einem Sieg im Grand Prix von Syrakus/Sizilien ihren Höhepunkt. Viele renommierte Piloten wie Tony Rolt, Peter Walker und der vielleicht talentierteste Rennfahrer jener Zeit, Archie Scott-Brown, nahmen im »Aquarium«-Cockpit der Connaught Platz. Damals besaßen diese Rennwagen jedoch noch keinerlei Verbindung zu Jaguar und es bestünde kein Grund, sie hier aufzuführen, wenn es nicht einen gewissen B3 gegeben hätte – den dritten der B-Baureihe – der nach einer berühmt gewordenen Organverpflanzung

Renneinsitzer mit Haifischkarosserie. Eine strömungsgünstigere Karosserie ist nur schwer denkbar.

Das Armstrong-Siddeley-Vorwahlgetriebe war während der fünfziger Jahre ein »muß« aller Rennwagen, weil es starke Lastwechsel mühelos verkraften konnte, wobei die Bremswirkung des Motors die Manöver des Piloten unterstützte.

Eine unwirkliche Erscheinung, ein Traum aus Aluminium mit fließenden Linien und riesiger Heckflosse.

in die Konstellation der »Jaguar-Specials« aufgenommen wurde, in der die Lister, Cooper, Tojeiro, HK, HWM etc. kreisten.

Der B3 gehörte zu den insgesamt sieben Formel 1-Rennwagen der Firma Connaught. Leslie Marr war der erste Eigentümer, der am Steuer eines dieser Exemplare einige bescheidene Erfolge verbuchen konnte, denn der »Streamliner«-Karosserietyp hatte in Grand-Prix-Rennen mehr Nachteile als Vorteile. Schnelle Richtungsänderungen und wirksames Bremsen waren mit Schwierigkeiten verbunden, Reparaturen an der einteiligen Aluminiumkarosserie waren teuer und die Reifen hatten oft zu wenig Platz unter den integrierten Radabdeckungen. Im Grunde waren diese vollverkleideten Rennwagen eher für lange gerade Strecken prädestiniert, als für kurvenreiche Grand-Prix-Kurse, weshalb sich Leslie Marr zuweilen der Karosserie entledigte, wie in Shelsley Walsh beim traditionellen Bergrennen oder 1955 in Brighton im nicht weniger prestigereichen »Special Trial«, das auf der Rennstrecke am Meer ausgetragen wurde.

Im Einverständnis mit »Connaught Engineering« und seinem Freund Derrick beschloß Leslie Marr, den Connaught für die Saison 1956 südlich des Äquators in einen »Connaught-Jaguar« zu verwandeln. Dafür gab es drei triftige Gründe: erstens war der 2,5-l-Alta-Motor kapriziös, zweitens funktionierte er nur mit einem Benzin-Alkohol-Gemisch, das – drittens – in Neuseeland nicht aufzutreiben war. So griff man auf eine bewährte Motorisierung zurück, in dem Fall auf die 3,4-l-XK-Antriebseinheit von Jaguar in der Typ D-Version mit drei Weber-Vergasern. Harry Weslake unterzog diesen Motor einer Spezialbearbeitung, während das Connaught-Werk über seinen Einbau in das einsitzige B3-Fahrgestell wachte, das damit von der »Formel 1«-Kategorie in die »Tasman-Formel« überwechselte.

So kam es, daß Leslie Marr und Derrick Ewans mit

einem vierten Platz in Auckland hinter den Ferrari und Maserati unter Stirling Moss und Peter Whitehead und einem dritten Platz in Christchurch in der »Lady Wigram«-Trophäe in Neuseeland eine durchaus akzeptable Saison verbuchen konnten. Dann kehrte der Connaught-Jaguar in bedauernswertem Zustand nach Großbritannien zurück, denn während des letzten in Invercargill ausgetragenen Rennens war Leslie Marr mit seinem B3 in einen tiefen Graben gefallen; die Karosserie war nur noch ein Wrack. In London mußte der hochverschuldete Leslie Marr seinen B3 wieder an das Werk abtreten; die unbrauchbar gewordene Karosserie wurde für zehn Pfund abtransportiert.

Rodney Clarke gab jedoch nicht so leicht auf. Er beschloß, den Connaught B3 mit einer der F1-Tradition gemäßeren Hülle ohne Radkappen und mit einem echten Ein-Mann-Cockpit einzukleiden. Um das Connaught-Image zu wahren, wurde eine neue Heckflosse entworfen, die dem Rennwagen eine frappierende Ähnlichkeit mit einer Tube Zahnpasta verlieh, weshalb der Connaught B3 auch gleich bei seinem Erscheinen »Toohpaste Tube« genannt wurde. In dieser seltsamen Hülle tauchte er wieder in Goodwood und am 19. Mai 1957 in Monaco auf, wo Lewis-Evans hinter zwei Maserati und einem Vanwell an vierter Stelle ins Ziel kam. Ein paar Tage später schied die Firma Connaught offiziell aus dem Wettbewerb aus. Der B3 nahm noch bis zum Juli 1958 an Rennen teil, das letzte Mal im GP von England auf der Silverstone-Rennstrecke.

Vierundzwanzig Jahre später feierte der B3 seine Wiederauferstehung in den Händen John Harpers (1982 als »best driver of the year« gefeiert), der die Haifisch-Karosserie wiederhergestellte. Dann wurde der Connaught nach Neuseeland verkauft, wo er in einem Schuppen mitsamt einem Lister-Jaguar verbrannte. Wie es ein glücklicher Zufall wollte, befand sich die Karosserie in einem Abstellraum und überlebte. Sie konnte 1988 nach England zurücktransportiert werden. Im Mai 1991 tauchte der Connaught B3 zum ersten Mal wieder mit seiner Haifisch-Streamliner-Hülle in Montlhéry zum Grand Prix von Paris auf.

Dieser restaurierte Connaught ist als einzige Version mit Jaguar-Technik und Streamliner-Aufbau eine besonders interessante Rarität.

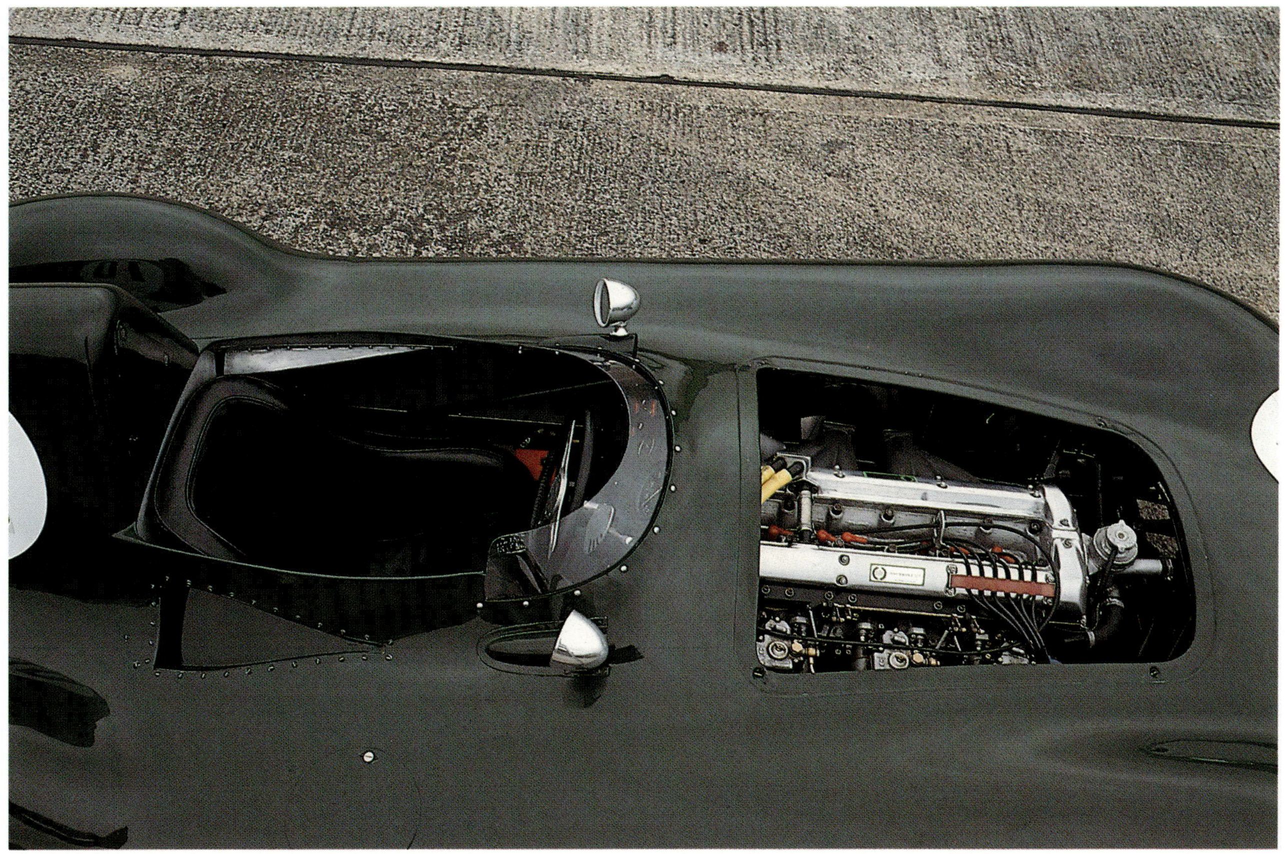

Vor dem Jaguar-Motor Typ D wurde der Connaught von einem brillanten, aber eigenwilligen 2,5-Liter-Alta-Aggregat angetrieben, deshalb erhielt der Connaught erst 1956 den Beinamen Jaguar.

CONNAUGHT-JAGUAR

Connaught-Jaguar
3,4 Liter – 1955
Einsitzer (Rennbarketta)
Bohrung × Hub: 83 × 106 = 3442 cm³
Reihen-Sechszylinder – 2 OHC
250 BHP – ca. 250 km/h
Sammlung Michel Gosset (F)

DAS BENTLEY-SYNDROM

»Fliegende Festung« war der Beiname, mit dem die Modelle der Baureihe Mark II bedacht wurden. Von der Festung hatten sie den soliden, beruhigend-uneinnehmbaren und wuchtigen Charakter, das Verb »fliegen« sollte seiner außergewöhnlichen Leistung Rechnung tragen.

Als Lyons schon bei Kriegsausbruch beschloß, die Limousine der Neuzeit zu bauen, setzte er sich zwei Ziele: echte 100 mph (160 km/h) und einen 3,5-l-Hochleistungsmotor mit Halbkugel-Brennräumen und doppelter obenliegender Nockenwelle. Die Geschichte dieses Modells lief später in zwei ganz verschiedene Richtungen, die sich Mark VII und XK nannten, denn der Motor des zukünftigen »100 mph saloon« war kein anderer als die famose Baugruppe XK.

Im Jahr 1948 war der XK-Motor zwar zur Ausstellung in London bereit, aber die Karosserie des neuen Mark VII konnte erst 1950 vorgestellt werden. Diesem verfehlten Rendezvous ist die Entstehung der Mark V-Limousine und des Sportzweisitzers XK 120 zu verdanken. Der Mark V spielte die Rolle eines Übergangsmodells, weil die Kundschaft bis zum Erscheinen des »120 mph saloon« mit einer neuen Karosserie vertröstet werden mußte; der Sport-XK 120 entstand, weil das neue technische Kleinod im Mark V fehl am Platz gewesen wäre und weil es an der Zeit war, mit einem neuen Sportmodell wieder einmal Schlagzeilen zu machen.

Ob es einen XK 120 gegeben hätte, wenn der Mark VII im Jahr 1948 produktionsreif gewesen wäre, ist schwer zu sagen; sicher ist nur, daß der Mark V ohne das verspätete Erscheinen des Mark VII nicht gebaut worden wäre. Ursprung und Geschichte dieser drei Modelle sind daher untrennbar miteinander verbunden.

Seinem Konzept, Stil, Rahmen und seiner Motorisierung nach war der Mark VII wirklich das Auto der Neuzeit; wahrscheinlich war es deshalb auch kein

Wunder, daß sein Erscheinen in das erste Jahr der »fifties« fiel.

Der Rahmen des Mark VII war die exakte Kopie des Mark V-Rahmens, mit Ausnahme einiger winziger Unterschiede, zu denen die Motoraufhängung der Antriebseinheit gehörte, denn im Bug thronte nicht mehr der 3,5-l-Standard-Motor, dessen bereits hängende Ventile noch über Stößelstangen und Kipphebel betätigt wurden, sondern das schon berühmte werkseigene XK-Aggregat mit doppelter Nockenwelle; berühmt, weil es wegen seiner in der Serienproduktion völlig neuartigen Konzeption schon Schlagzeilen gemacht hatte. Der »magic XK«, der den XK 120 auf ein phantastisches Tempo katapultierte und die Konkurrenz weit hinter sich ließ, war jedermann bekannt. Die Fachpresse nahm deshalb hocherfreut zur Kenntnis, daß dieser elegante, leistungsstarke, ultramoderne Motor ein geräumiges, komfortables, fünfsitziges Auto mit zeitgemäßer Karosserie antrieb, eine Symbiose, die damals so wirkte, wie heute etwa eine Familien-Limousine mit einem serienmäßigen F1-Triebwerk. Bislang hatte das Gegenteil stattgefunden: man frisierte Serienmotoren und baute sie in Sportwagen ein, wie den »Twenty« des SS One, der als verbesserte Variante den SS 90 motorisiert hatte oder den »Twenty Five« der 3,5-l-Limousine, der später den SS 100 antrieb.

»The Autocar« kündigte die Höchstgeschwindigkei des Mark VII mit 163 km/h an, eine beeindruckende Leistung für ein Auto, das leer 1 753 kg wog. Erreichten der ebenso schwere zeitgenössische 4,25-l-Bentley Mark VI und der 4-l-Humber Pulman nicht schon mit jeweils 138 km/h und 132 km/h ihr absolutes Maximum?

Zur gleichen Zeit wie seine neue Limousine hatte Jaguar mit den »Sport Saloons« ein neues Konzept erfunden: doppelgesichtige Janus-Limousinen, die ebensogut eine fünfköpfige Familie transportieren wie in Rallyes und Tourenwagenrennen starten

konnten, denn der Mark VII übertraf nicht nur bei weitem die Fahrleistungen der Limousinen seiner Zeit, sondern stellte auch viele kleine, leichte, sogenannte Sportwagen in den Schatten.

Im Oktober 1950 wurde der Mark VII in London auf der Earls Court Motor Show offiziell vorgestellt, aber wieder kam New York zuerst in den Genuß dieser sportlichen Luxuslimousine: Begeisterung in New York, aber auch Begeisterung in London, denn William Lyons hatte wieder einmal Intelligenz und Flair bewiesen und auf stilistische Konkurrenz mit den »Chrom-Kathedralen« aus Dearborn oder Detroit verzichtet. Während allzuviele Autofabrikanten sich redliche Mühe gaben, dem amerikanischen Publikum mit – schlechten – Kopien der charakteristischen – aber auf ihre Art bewundernswerten – Yankee-Fabrikate zu gefallen, war William Lyons mit einem ausgesprochen »exotischen«, den jenseits des Atlantiks herrschenden Regeln entgegengesetzten Modell seinem ureigenen und dem britischen Stil treu geblieben.

Wie bereits der XK 120, wurde auch der neue Jaguar begeistert empfangen: Über 500 Exemplare fanden im November 1950 in einer einzigen Woche Abnehmer. Zauber eines neuen Stils, Symbol der Spitzentechnologie und Garant höchster Leistungen – die Limousine Mark VII erschien gleich als ein außergewöhnlicher Wurf: ein Motor mit zwei obenliegenden Nockenwellen und hemisphärischen Brennräumen, sechs Zylindern und einem Aluminium-Zylinderkopf war damals in Serienfabrikaten – wie bereits festgestellt – eine echte Neuheit. Von der Bauweise her war der Mark VII mit seinem Kastenrahmen dagegen gewiß nicht revolutionär, obwohl im Jahr 1952 nur wenige Marken teilselbsttragende oder selbsttragende Karosserien anboten, wie Alfa Romeo mit seinem 1900, Citroën mit seinen Fronttrieblern, Fiat mit dem 1400, Ford mit dem Zephir, Lancia mit dem Aurelia, Morris mit dem Minor,

Der Jaguar-Stil ist unverkennbar: eine Mischung aus Leistung, Linie, Luxus und Exklusivität.

In jeder der beiden Vordertüren ist ein komplett bestückter Werkzeugkasten untergebracht.

1956 LC 70

Renault mit seinem 4 CV, Triumph mit dem Mayflower und Wolseley mit dem 6/80.

Im Mark VII hatte die Marke den seit der Gründung erworbenen reichen Schatz an Erfahrungen verwertet: die Kunstfertigkeit der Sattler und Polsterer, der Tischler und Lackierer, die noch mit Zelluloselack und Politur arbeiteten; der Verzinner, die die Bauteile zusammenfügten; der Schneider, die Bodenteppiche zurechtschnitten und einfaßten, der Testfahrer, die jeden Motor auf dem Prüfstand testeten und die neuen Autos einfuhren – und last, not least William Lyons' Sinn für Ästhetik. Der Firmengründer bestimmte immer selbst die endgültige Erscheinung seiner Modelle, suchte jedes einzelne Zubehör aus und entschied, wo es angebracht werden sollte. Sinn für Ästhetik, aber auch Sinn für Public-Relations, denn wenn Lyons das Talent eines ausgezeichneten Stilisten besaß, so brachte er mit dem Talent eines erstklassigen Werbefachmanns die Marke ins Gespräch, orchestrierte Werbekampagnen für seine Modelle, sorgte für Schlagzeilen in der Fachpresse und – gewann Rennen; das alles diente nur einem Ziel: seine Autos auf der ganzen Welt und nicht nur auf den britischen Inseln zu verkaufen.

Mit der 3,5-l-Limousine Baujahr 1946 hatte William Lyons außerdem seine Absicht unter Beweis gestellt, den Absatz auf Länder mit Rechtsverkehr auszuweiten. Die Debatte über Rechts- oder Linkslenkung war damals in Frankreich immer noch nicht abgeschlossen, wo sich das Lenkrad der Luxusautos wie der Delage, Bugatti, Talbot, und Delahaye meistens auf der Seite befand, »auf der man den Straßenrand neben sich hatte«. Die zum Export nach Frankreich bestimmten Mark VII wurden deshalb als Statussymbole in Übereinstimmung mit der herrschenden Regel mit Rechtslenkung geordert.

Das Leistungsvermögen des Mark VII war so beeindruckend, daß er unverzüglich im Wettbewerb eingesetzt wurde. Er startete bei der Monte-Carlo-Rallye,

1956 LC 70

der Tulpen-Rallye, in Silverstone, bei der Alpen-Rallye, in Sprints, Trials, kurz: überall, wo es für die »Fliegende Festung« etwas zu holen gab. Dabei zeichnete er sich durch eine für eine so schwere Limousine überraschende Wendigkeit aus. Der Mark VII war spritzig, schnell und leistungsstark und besaß eine vorzügliche Straßenlage, der sich selbst echte Sportwagen nicht immer rühmen konnten. Das Werk bot für den Renneinsatz sogar einen Tuningkit und eine straffer ausgelegte Federung an. So kam der neue Jaguar zu einem 190 PS-Motor und erhielt serienmäßig die beiden großen 2 Zoll-SU-H8-Vergaser, die für den Typ C und den XK 120 auf Wunsch zur Verfügung standen. In dieser stärksten Version erreichte der Mark VII mühelos 180 km/h. Es war überraschend, zu sehen, wie sich die majestätische Limousine in enge Kurven legte, die sie mit der Geschwindigkeit eines wendigen kleinen Sportwagens nahm. Denn majestätisch wirkte der Mark VII wirklich mit seinem klassischen Kühler, seinem großzügigen Platzangebot, dem Hauch von Tradition, der ihn umgab, dem leicht identifizierbaren Stil und seiner aristokratischen Erscheinung, die an den Bentley Mark VI erinnerte. Die Typennummer VII und nicht VI, wie es nach dem Mark V logisch gewesen wäre, war dem Jaguar übrigens nur wegen des 1946 herausgebrachten Bentley Mark VI gegeben worden, denn den Namen eines so prestigereichen Modells wie Bentley zu wählen, wäre nicht sehr korrekt gewesen. Man kann sich leicht die spöttischen Bemerkungen vorstellen, mit denen der zuweilen fälschlicherweise als »Bentley der Armen« bezeichnete 3,5-l-Mark V begrüßt worden wäre, wenn er sich mit dem Titel eines Crewe-Modells geschmückt hätte! Es ist übrigens nicht ausgeschlossen, daß Lyons bei der Wahl des Modellnamens »Mark« mehr oder weniger bewußt mit der ehrenwerten und adligen Firma Rolls-Bentley zu konkurrieren gedachte.

Schon seit Beginn der 40er Jahre gab es zahlreiche

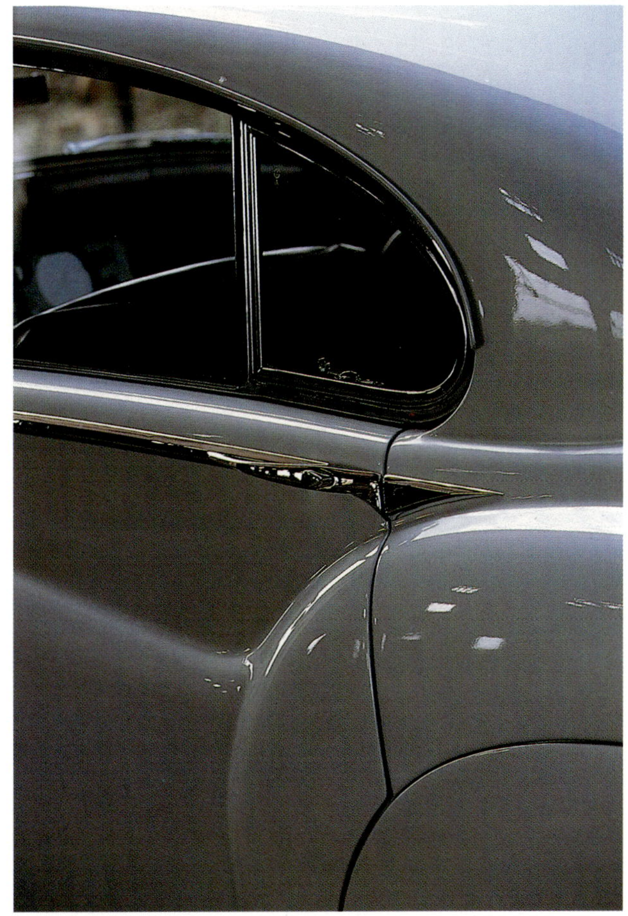

Von 1950 bis 1956 war der Mark VII das Flaggschiff der Jaguar-Flotte, dann setzten die Mark VIII und IX bis 1961 die Tradition der Exklusivlimousinen fort.

MARK VII M

verblüffende Parallelen zwischen Jaguar und Bentley, als ob sich die Marke Jaguar durch ständiges Bemühen, ein Musterbeispiel guten Geschmacks und britischer Vornehmheit zu werden, eine Achtbarkeit erkaufen wollte, die ihr eine bürgerliche Geburt vorenthalten hatte. Ein paar Jahre später genügte ein Vergleich zwischen den Bentley Typ R oder S, um die Verwandtschaft mit dem Mark VII oder VIII festzustellen. Aber wenn das Bentley-Syndrom bei Lyons ohne Zweifel Spuren hinterlassen hatte, so hatte die Spitzentechnologie »made in Coventry« den Konservatismus der ehrwürdigen Firma Rolls-Bentley nicht aus dem Gleichgewicht zu bringen vermocht. Eine Fahrt im Mark VI zeigte, daß der aristokratische Bentley dem brillanten Schwestermodell aus Foleshill nicht das Wasser reichen konnte.

Jaguar Mark VII-M
3,4 Liter – 1956 – Limousine
Bohrung × Hub: 83 × 105 = 3442 cm³
Reihen-Sechszylinder – 2 OHC
180 BHP – ca. 170 km/h
Sammlung Joel Corroy (F)

LISTER-JAGUAR »KNOBBLY«

DAS MEISTERWERK VON MISTER LISTER

Die maximale Lebensdauer eines Rennsportwagens beträgt etwa drei, höchstens vier Jahre. Kaum ist er auf den Rennstrecken bekannt, muß der Konstrukteur schon an einer neuen Generation arbeiten. Dieser Zwang zur ständigen technischen Weiterentwicklung ist der Tribut, den ein erbitterter Konkurrenzkampf fordert. Der Jaguar Typ C hatte von 1951 bis 1953 das Renngeschehen bestimmt, gefolgt vom Typ D zwischen 1954 und 1957; ab 1958 war die Reihe am Typ E. In den Rennannalen gibt es Epochen, in denen die eine oder die andere Marke dominiert, wie z.B. Bugatti, Talbot-Lago, Alfa Romeo, Jaguar, Aston Martin, Ferrari, Ford, Porsche etc., bis ein Rivale eine neue Ära einleitet.

Jaguar machte da keine Ausnahme: Sechs Jahre nahezu pausenloser Siege – von 1951 bis 1957 – bis plötzlich das Ende kam. Schon während der Saison 1956/57 dominierte der Typ D nicht mehr unangefochten auf den Rennstrecken und trotz einiger schmeichelhafter Siege wußte jedermann im Werk, daß die Glanzzeit zu Ende ging, daß aber noch kein Nachfolger zur Ablösung bereit war.

Die einzigen technischen Neuerungen, die dem Typ D in der zweiten Lebenshälfte zuteil geworden waren, betrafen den auf 3,8 l erhöhten Hubraum und den »Wide-Angle«-Zylinderkopf, mit dem endlich die 2-Zoll-Grenze für die Einlaßventile überschritten wurde. Mit diesen Verbesserungen stieß das legendäre XK-Aggregat – je nach Bearbeitungsniveau – in die Zone der 280–300 PS vor. Obwohl der Jaguar D 1957 im Wettbewerb nicht mehr ganz vorne lag, zählte er noch zu den Rivalen, mit denen gerechnet werden mußte, nur seine hintere Starrachse mit ihrer »Vintage«-Charakteristik war ein echtes Problem. Selbst die bemerkenswert gute Federung und Führung konnten nichts an dem veralteten Konzept ändern.

Als Brian Lister sich für den am Ende seiner Laufbahn befindlichen Typ D zu interessieren begann,

machte ihn ein Detail stutzig: dieses verteufelte Auto verfügte über ein beträchtliches, noch unausgenutztes Potential. Lister hatte selbst ein paar Rennwagen gebaut und war dank der väterlichen Logistik in der Lage, interessante Versuche durchzuführen, zu denen der Lister-MG, der Lister-Bristol und der Lister-Maserati gehörten. Seine Rennwagen machten sehr bald durch ihre intelligente Konzeption, ihre Fahrstabilität und ihre Leichtigkeit von sich reden.

Das Schicksal der Lister-Modelle wurde von zwei Männern bestimmt, die eine tiefe und echte Freundschaft verband: Brian Lister natürlich (Sohn von Horace Lister und Enkel Alfred Listers) und Archie Scott-Brown. Archie, Mitglied des gleichen Automobilklubs wie Brian, war ein echtes As am Steuer, eine schon alleine wegen seiner körperlichen Behinderung bemerkenswerte Tatsache. Archie war ohne rechte Hand und mit verkümmerten Beinen geboren, aber am Lenkrad eines Automobils war Archie Scott nicht wiederzuerkennen. Seine totale Hingabe, seine Unverfrorenheit, die Präzision seines Fahrstils, sein Siegeswillen und die Entschlossenheit, bis an die Grenze seiner Möglichkeiten zu gehen, nötigten Zuschauern und Kommentatoren schon nach kurzer Zeit größte Bewunderung ab.

Brian und Archie erlebten gemeinsam das Lister-Jaguar-Abenteuer, das durch sie zu einem der bewegendsten, brillantesten und gleichzeitig tragischsten Kapitel der Automobilgeschichte wurde. Die Geschichte der Lister-Jaguar-Prototypen begann, als ein Londoner Juwelier, ein großer Liebhaber von Rennsport und Spezial-Rennwagen, Brian Lister aufsuchte und ihm von seinem Projekt erzählte, einen 3,4-l-XK in ein Lister-Bristol-Chassis einzubauen. Trotz einiger Bedenken ging Brian Lister auf den Vorschlag ein und begann im November 1957 mit der Arbeit am ersten Prototyp Lister-Jaguar, Chassis Nr. BHL 12, der erst im April 1958 zugelassen wurde. Im Gegensatz zum Typ D besaß der Lister-Jaguar keine

LISTER-JAGUAR »KNOBBLY«

selbsttragende Karosserie, sondern einen »Plattform«-Rohrrahmen, der allerdings nach einem anderen Konzept gebaut war als die dreidimensionale Rohrstruktur des Typ C. Es handelte sich dabei weder um eine revolutionäre, noch um eine ultra-leichte Lösung, die sich aber im Fahrbetrieb – unter anderem wegen der niedrigen Schwerpunktlage – als besonders fahrstabil erwies. Die Vorderräder wurden von doppelten Dreiecksquerlenkern geführt und Schraubenfedern hatten die bei Jaguar traditionellen Drehstabfedern ersetzt.

Die Originalität des Lister-Konzepts trat vor allem im Heck zutage, denn da wo sich Jaguar eher zurückhaltend gezeigt hatte – manche würden altmodisch sagen – zeigte Lister mit einer De Dion-Achse, innenliegenden Bremsen und ebenfalls Schraubenfedern einen bewundernswerten technologischen Neuerungsgeist – und das bereits seit 1954.

Die Ereignisse überstürzten sich mit dem Auftauchen eines anderen Bryan – der sich allerdings mit »y« schrieb und auf den Namen Turle hörte; es handelte sich um den Leiter der Rennabteilung von BP, der die Vorherrschaft der in der Kategorie »über drei Liter« dominierenden Rennställe brechen wollte, insbesondere der »Ecurie Ecosse« mit ihren Jaguar Typ D und der von der Ölgesellschaft Esso gesponserten Aston Martin. Der Lister-Jaguar Norman Hillwoods hatte bereits den Weg gezeigt, man brauchte nur noch weiter zu gehen und zu verbessern, was Don Moore, eine der Schlüsselfiguren des Lister-Jaguar-Abenteuers und technischer Bearbeiter des Prototyps (dessen Ingenieurstalent wahre Wunder wirkte) wohl verstanden hatte. Statt einen C-Motor mit Ölsumpf einzubauen, kaufte Brian direkt bei Jaguar einen für die D-Typen entwickelten brandneuen 3,4-l-Motor mit Trockensumpf und Rennzubehör, den ihm Lofty England gern abtrat, da sich Jaguar seit 1956 offiziell aus dem Wettbewerb zurückgezogen hatte und private Rennställe nicht mehr als potentielle Rivalen zu betrachten brauchte. Seit 1956 hielt die »Ecurie Ecosse« mit größtem Talent die Farben Jaguars hoch.

Die Karosserie des Lister-Jaguar wurde ein voller Erfolg. Eine zentrale, verlängerte Kopfstütze verschmolz mit dem Heck, das vor allem wegen des hinter dem Kopf des Piloten untergebrachten enormen Tanks höher war als die Front. Wie damals bei

Die von Brian Lister entworfene und von Williams & Pritchard gebaute Aluminiumkarosserie ist ein Wunder instinktiver Kreativität.

Unter den Spezialausführungen der Marke war der Lister wegen der Verbindung eines außergewöhnlichen Fahrgestells mit einem sagenhaften Motor das erfolgreichste Modell.

71
Klassik

FIRE-PULL
AMPS
SMITHS
R.P.M.÷100
WATER

LISTER-JAGUAR »KNOBBLY«

den meisten britischen Rennwagen klappte die gesamte Front auf, um Zugang zum Motor zu gewähren – eine 1951 vom Jaguar Typ C lancierte Mode.

Die renommierte Firma Williams & Pritchard baute die Karosserie, die in die Abbey Road in Cambridge geliefert und auf dem Fahrwerk befestigt wurde. Dieser Lister-Jaguar besaß zwar nicht die epochemachende Erscheinung des Typ D, stellte aber mit seinen unschlagbaren »Sprints« eine interessante Etappe dar. Das bestätigte sich bereits im gleichen Jahr, als der Prototyp elf der vierzehn Rennen gewann, in denen er gestartet war. Ein doppelter Erfolg, sowohl für Brian Lister als auch für Archie Scott-Brown, seinen bevorzugten Piloten, dem alles zu gelingen schien. Jedermann nahm Anteil am außergewöhnlichen Schicksal dieses Mannes mit dem feingeschnittenen aristokratischen Gesicht und dem typisch britischen Schnurrbart. Man fragte sich, wie er es eigentlich fertigstellte, sein Fahrzeug wie ein Virtuose zu manövrieren und gleichzeitig den Schalthebel zu betätigen. Bei genauerem Hinsehen stellte man fest, daß Archie seine rechte Hand nicht ganz entbehren mußte, denn ein Stumpf mit fingerähnlichen Ansätzen half ihm, beim Schalten das Lenkrad zu halten.

Gleich am Ende des Herbstes 1957 begann Brian Lister an einen neuen Prototyp zu denken, der mit maximal 3 Litern Hubraum und einer höhenbegrenzten Windschutzscheibe dem gerade erlassenen neuen Weltmeisterschafts-Reglement entsprechen mußte.

Für den Motor schlug Jaguar eine Kurzhubversion der XK-Antriebseinheit vor. Mit unveränderter 83 mm-Bohrung, aber einer neuen Kurbelwelle, die den Hub von 106 mm auf 92 mm verkürzte und einem neuen Kurbelgehäuse war ein 2986 cm³-Motor (statt 3442 cm³) entstanden. Was Windschutzscheibe und Cockpit betraf, so zog Brian Lister einen Neuentwurf vor, bei dem Einheitlichkeit und Harmonie des Stils besser gewahrt blieben. Mit Hilfe des Designers Cavendish Morton machte er sich alle Auslegungsmöglichkeiten des »die Mindesthöhe des höchsten Punktes der Windschutzscheibe« betreffenden Artikels zunutze und baute seine Karosserie um die Windschutzscheibe herum, wobei er das Reglement exakt respektierte. Zu diesem Zweck legte Lister den Aufbau noch tiefer, so daß der Pilot fast auf der Straße saß; da die Karosserie – inklusive Haube – aber zu niedrig wurde, um den Motor unterzubringen, formte er einen enormen Höcker, unter dem das XK-Aggregat Platz fand. Die Haubenspitze konnte auf diese Weise schräg nach unten gezogen werden, um mit einer minimalen Frontfläche den geringsten Luftwiderstand zu bieten.

Mit seinen Radkästen, die wesentlich höher waren als Cockpit und Haube, mit seinen überbetonten Volumen, seinem Haubenhöcker, seiner zentralen Kopfstütze als Luftleitelement und seinem überhöhten Heck schien der neue Lister nur aus Höckern und Beulen zu bestehen, daher sein Spitzname »Knobbly«, was so viel heißt wie bucklig, höckerig, knotig, uneben.

Dieser »Knobbly« konnte große Rennerfolge verbuchen. Lister bot sein Modell mit vier Motorvarianten an: einem 3 l- oder 3,8-Liter-Jaguar-XK-Motor, einem 4,6-l-V8 oder einer 5,7-l-Version von Chevrolet, die für die amerikanischen Rennställe bestimmt war. Die 3-l-Knobbly erwiesen sich als relativ empfindlich im Rennbetrieb, weil der Jaguar-Motor die hohen Drehzahlen schlecht verkraftete, dagegen konnte die 3,8-l-Variante dank ihrer Zuverlässigkeit und der soliden Fahrwerkskonstruktion zahlreiche brillante Siege erringen.

Am 18. Mai 1958 kam es auf der belgischen Rennstrecke von Spa zu einer Tragödie. Strömender Regen, ein gnadenloser Kampf mit Masten Gregory an Bord eines anderen Lister der Ecurie Ecosse und ein schlecht angebrachtes Hinweisschild: plötzlich

verlor Archie Scott Brown die Kontrolle über seinen Lister, der in einem Feuerball explodierte; die Karosserie bestand aus Magnesiumlegierung und der Benzintank war noch fast voll.

In seinem ausgezeichneten Buch »Powered by Jaguar« zitiert Doug Nye die letzten Worte, die Archie an Don Moore richtete: »Was hab'ich da für einen schönen Saustall angerichtet!«

LISTER-JAGUAR »KNOBBLY«

Lister-Jaguar
3,8 Liter »Knobbly« 1958 (Rennbarketta)
Bohrung × Hub: 87×106 = 3782 cm^3
Reihen-Sechszylinder – 2 OHC
280 BHP – ca. 270 km/h
Sammlung Andrew Baber (GB)

LISTER-JAGUAR COSTIN

AUF DER SUCHE NACH DER VERLORENEN ZEIT

Die Geschichte der Lister-Jaguar ist zwar nur kurz, aber sehr ereignisreich. Der erste Teil, der die Lister »Knobbly« betraf, ging etwa 1958 zu Ende. Der zweite Teil begann im Jahr 1959 und fiel mit dem Erscheinen Frank Costins zusammen, eines renommierten Designers, der schon für Lotus, Vanwall und vor allem für De Havilland gearbeitet hatte. Aerodynamik und Luftwiderstandsbeiwert hatten für ihn keine Geheimnisse mehr.

Im Herbst 1958 beschloß Brian Lister trotz der Abscheu, die er nach dem tragischen Tod seines Freundes Archie Scott Brown in Spa vor Automobilwettbewerben empfand, sich die Mitarbeit Frank Costins zu sichern. Glücklicherweise hatten die Experten einen Defekt des Jaguar als Unfallursache ausgeschlossen, obwohl die Prototypen zweimal Probleme mit der Lenkstange gehabt hatten...

Frank Costin sollte die Karosserie neu entwerfen und das Fahrgestell noch weiter erleichtern. Brian Lister war nämlich mit der Aerodynamik seines »Knobbly« nicht zufrieden und wollte sowohl Luftwiderstandsbeiwert, als auch Richtungsstabilität bei hoher Geschwindigkeit verbessern und die Auftriebskräfte vermindern, wobei er natürlich insbesondere an die 24 Stunden von Le Mans dachte, aber auch an alle Rennen mit besonders langen Geraden, auf denen manchmal mehr als 250 km/h registriert wurden.

Die neue Costin-Karosserie wurde im Januar 1959 vorgeführt. Mit höherer Haube und Gürtellinie, weniger weit und tief ausgeschnittenen Kotflügeln, bauchigeren Radkästen im Lotus-Stil, seitlich herumgezogener Windschutzscheibe und einem höheren Cockpit als das des »Knobbly«-Vorgängers besaß der neue Lister harmonischere und ausgewogenere Proportionen. Rahmen und Fahrgestell hatten sich wenig verändert, wenn man von den Verankerungspunkten der neuen Karosserie absieht. Frank Costin hatte den Rahmen mit doppeltem Zentralrohr, das

die Funktion eines Längsträgers übernahm, beibehalten (der neue Rahmen stand erst später auf dem Programm). Die besonders gelungene Karosserie, die von der in Edmonton, im Norden Londons ansässigen Firma »Williams and Pritchard« stammte, hatte den typischen Haubenhöcker des ersten Lister-Jaguar verloren. Die neue Hülle war glatt, schlicht und rund; so ungewöhnlich, höckrig und agressiv der Lister »Knobbly« von 1958 gewesen war, so gestreckt und fließend wirkten die Linien des Lister »Costin«.

Zur Motorisierung wurden, wie beim Vorgänger, drei Versionen angeboten, ein 3 Liter-, ein 3,8 Liter- und ein 3,4 Liter-Aggregat. Die Amerikaner zogen auch diesmal wieder die großen Hubräume zwischen 4 und 6 Litern von Chevrolet vor. Die Kraftübertragung und die De Dion-Achse mit »Inboard«-Bremsen waren unverändert vom Typ D übernommen worden. Sollte sich der Lister-Costin als schneller erweisen, so konnte das also nur an der Aerodynamik liegen – Wait and see.

Leider konnte die Stoppuhr nie den Optimismus des Designers rechtfertigen und Brian Lister bedauerte schließlich, Frank Costin mit dem Neuentwurf beauftragt zu haben. Hätte Lister seine ursprüngliche Absicht verwirklicht, dann hätte er seinen »Knobbly« selbst überarbeitet, um ihm den »knobbly«-Anstrich zu nehmen und ihn einfach nur harmonischer zu gestalten. Ein Vergleich zwischen den beiden Lister-Modellen ist aufschlußreich genug: 1958 erreichte Bruce Halford in Le Mans mit dem »Knobbly« 265 km/h am Ende der langen Hunaudières-Geraden. Ein Jahr später kam der gleiche Pilot mit dem phantastisch strömungsgünstig profilierten Lister »Costin« und einem stärkeren Motor nicht über die gleiche Geschwindigkeit hinaus. Wie ist das möglich? Ob es zwischen dem empiristischen Brian Lister und dem professionellen Aerodynamiker Frank Costin nicht doch größere Unterschiede gab, als man normalerweise zwischen einem genialen, intuitiven

WTM 446

LISTER-JAGUAR COSTIN

Auf der Basis des Listers »Knobbly« schuf Frank Costin diese unvergeßliche Karosserie, die unwillkürlich an den Ferrari 250 GTO erinnert. Ein Vergleich der Baujahre zeigt, wer der wirkliche Urheber dieses Karosserietyps gewesen war.

Automobilisten und einem beberühmten Designer vermutet? Wenn ja, kann man das Bedauern Brian Listers besser verstehen.

Die Saison 1959 sparte nicht mit Enttäuschungen. Die 12 Stunden von Sebring, die 24 Stunden von Le Mans, der Nürburgring – nichts verlief wie erhofft, nichts hielt, alles ging zu Bruch; es sah aus, als sei bei Jaguar mit dem Tod Archies eine Triebfeder gebrochen und hätte einen unaufhaltsamen Niedergang bewirkt. Wettbewerbe auf höchstem Niveau wurden immer kostspieliger; die Aerodynamiker konnten ihre Theorien auf keinen überzeugenden gemeinsamen Nenner bringen; die Piloten verunglückten, kurz, das anfänglich begeisternde Abenteuer machte keinen Spaß mehr. Am Ende der beschwerlichen Saison 1959 beschloß Brian Lister, den Wettbewerb an den Nagel zu hängen. Der Rennstall und die Rennwagenfirma, die er zu seinem persönlichen Vergnügen und zur Förderung des Familienunternehmens gegründet hatte, wurden aufgelöst. Das war das Ende der Lister Brian Listers und gleichzeitig der Anfang der Post-Lister-Ära, die den höchst ungewöhnlichen, fesselnden Werdegang der Schöpfungen Brian Listers beschreibt.

1959 baute Frank Costin einen ganz neuen Rahmentyp, der eine gewisse Ähnlichkeit mit dem für den Maserati entwickelten »Bird cage«-Fahrgestell aufwies. Dieser aus Rohren besonders kleinen Querschnitts bestehende Gitterrahmen war noch steifer und leichter als sein Vorgänger. Als die Renntätigkeit eingestellt und das Werk stillgelegt wurde, wurde der noch im Entwicklungsstadium befindliche Lister-Costin »Space Frame« mit dem gesamten restlichen Bestand verkauft. James Diggory, Werkstattbesitzer aus Nordwales und begeisterter Renn-Amateur auf Cambridge-Modellen, erstand den Lister »Space Frame« und beendete die begonnene Arbeit. Nach einigen ganz annehmbaren Resultaten in Klubrennen ging der »Space Frame« in den Besitz John

Coundleys über, eines Immobilienmaklers und Bauherrn, der selbst Rennen fuhr und seinen neuen Jaguar im April 1960 in Aintree schwer beschädigte.

Dann erhielt der »Space Frame« eine Roadster-Karosserie, mit der er ganz anders aussah als auf den Originalfotos. Außerdem war das gesamte Werksarchiv verschwunden, so daß man sich bei Restaurierungen auf sein Gedächtnis verlassen mußte; erschwerend kam hinzu, daß die Zulassungsnummern in England Eigentum des Besitzers sind und nicht zum Auto gehören. So kam es, daß eines Tages das Kennzeichen WTM 446, das kurz zuvor einen im Besitz John Coundleys befindlichen Lister »Knobbly« geziert hatte (der seinerseits für die Erfordernisse des Films »The Green Helmet« modifiziert worden war), auf dem Lister-Costin »Space Frame« erschien.

Eine präzise Chronik der Lister-Jaguar zu schreiben ist, wie der Leser sieht, ein aussichtsloses Unterfangen; glücklicherweise sind kompromißlose Lister-Fanatiker wie Philippe Renault im Besitz der Unterlagen, mit denen eine originalgetreue Wiederherstellung fast aller Lister-Modelle möglich ist.

Nach seinem Unfall in Aintree ließ John Coundley den »Space Frame« reparieren und frisch lackieren, bevor er ihn verschiedenen Piloten anvertraute, die sich in Oulton Park und Brands Hatch auszeichneten. Piloten und Eigentümer gestanden dem Lister übereinstimmend beim Endspurt und auf Kurzstrecken ein besonders gutes Leistungspotential zu. Im Mai 1962 gab John Coundley in der Fachzeitschrift »Motor Sport« eine Verkaufsanzeige seines »Lister-Costin One Off Space Frame« auf. Peter Sargent erwarb das Modell, und mit ihm begann der zweite Teil der Costin-Laufbahn als Coupé, aber immer noch mit der Nummer WTM 446. Warum ein Coupé in einer Zeit, in der alle »Rennwagen« offene Karosserien besaßen? Die Antwort lautete schlicht: Le Mans. Sargent hatte versucht, den Aufbau noch windschlüpfiger zu gestalten, um das anerkannte Spurt-

WTM 446

Dieser Lister hätte das 24 Stunden Rennen eigentlich gewinnen können.

vermögen des Lister auf der langen Geraden voll auszunutzen.

Das 1958 von der Internationalen Sportkommission vorgeschriebene Hubraumlimit von drei Litern war aufgehoben worden. Für Sargent, der 1962 das Rennen mit Lumsden als Teamgefährten am Steuer eines Typ E Lightweight auf dem fünften Platz beendet hatte, waren der 3,8-l-XK und Le Mans keine unbekannten Größen. Es war also kein Neuling, der sich für ein Konzept interessierte, das die Vorzüge des »E Lightweight Low Drag« Malcolm Sayers aufweisen, aber in punkto Seitenwindempfindlichkeit noch weiter verbessert werden sollte. Der ehrgeizige und entschlossene Peter Sargent beauftragte die Firma Playfords mit der Herstellung der Karosserie, die den Roadster lediglich mit einem Dach versah und die passenden Türen einsetzte. Das Resultat war überzeugend und Sargent hatte allen Grund zur Zufriedenheit, als er im Juni 1963 neben drei Typ E Lightweight unter Cunningham/Salvadori, Hansgen/Pabst und Richards/Grossman in Le Mans auf das Zeichen zum Start wartete.

Was die Ästhetik betraf, so stand der Lister-Costin den Jaguar Typ E in nichts nach – gewichtsmäßig übrigens auch nicht, selbst wenn er mit 970 kg ganze 50 kg mehr wog als der »Knobbly«-Vorgänger. Lediglich die Rennvorbereitung entsprach nicht ganz dem Niveau der E-Lightweight. Wahrscheinlich fehlte der allerletzte Schliff, den das Jaguar-Werk besonders werten Kunden vorbehielt! Dabei handelte es sich um den Original-Motor der ganz aus Leichtmetall bestehenden Lightweight-Typen.

Nach der dritten Stunde eines vielversprechenden Rennens mußte Peter Sargent ausscheiden, weil sich die Schrauben der Kupplung gelöst hatten. In einem kurze Zeit später erschienenen Artikel schrieb Peter Sargent: »Bei 260 km/h auf der langen Geraden von Mulsanne war der Druck am Dach so stark und preßte die Türen so weit aus dem Rahmen, daß eine ganze Hand in den Zwischenraum zwischen Dach und Wagenschlag gepaßt hätte.«

Es war das einzige Rennen, an dem Sargent mit dem »Space Frame« teilnahm. Das allerletzte Rennen dieses Coupés, die 1000 km des ADAC, fand auf dem Nürburgring statt. Im Cockpit saß sein früherer Besitzer John Coundley wie in einer Sauna, so unerträglich heiß war es im Innenraum des Jaguar.

Später erwarb David Harvey, ein großer Jaguar-Fan, das Coupé Costin, fuhr ein paar Rennen und verkaufte es an John Pearce weiter, der es seinerseits an Neil Corner abtrat, einen anderen Kenner der Marke. Dann tauchte das »Space Frame«-Coupé bei »Hexagon of Highgate« auf, einer im Jaguar-Milieu ebenfalls wohlbekannten Firma, bevor es dank der Büchsenöffner-Technik wieder in einen Roadster verwandelt wurde. Diese Freveltat, bei der das Modell durch Abmontieren des Daches wie eine Büchse »geöffnet« wurde, ist teilweise entschuldbar, weil Dach und Türen bei dieser Gelegenheit nicht auch noch auf dem Schrottplatz landeten.

Auch diesmal fuhr der Costin nur ein paar kleinere Rennen; niemand interessierte sich mehr für diese Stars einer anderen Epoche, die für »Historic Races« noch zu jung waren. Barry Simpson, der bekannte Spezialist für Vintage-Modelle, war sieben Jahre lang der achte Besitzer. Erst sein neunter Besitzer, der Sammler Philippe Renault, gab ihm 1980 seine Version »Coupé Le Mans 1963« zurück. Nach einer ziemlich ungeordneten und in ihrem Prinzip diskutablen Restaurierung beschloß Philippe Renault, den Costin bei John Harper, der für sein ungewöhnliches Talent am Steuer ebenso bekannt war wie für seine Kenntnisse und Ansprüche beim Restaurieren historischer Modelle, von Grund auf originalgetreu wiederherstellen zu lassen.

Der allerletzte Lister-Costin, der einzige Lister mit Gitter-Rohrrahmen, das einzige Coupé – die Version 1959 hatte Anrecht auf endgültige Attribute.

LISTER-JAGUAR COSTIN

Lister-Jaguar Costin
Coupé »Space Frame« – 3,8 Liter – 1959
Bohrung × Hub: 87×106 = 3782 cm^3
Reihen-Sechszylinder – 2 OHC
280 BHP – ca. 265 km/h
Sammlung Philippe Renault (F)

TYP E2 A

AUF DEM WEG ZUM E

Alle zehn Jahre etwa findet bei Jaguar ein Bruch im Karosseriestil statt, der allgemein mit einem technischen Wandel übereinstimmt. 1948 führte Jaguar den XK 120 ein, ein in Stil und Technik völlig neuartiges Konzept; 1959 erschien der Prototyp der E-Version, mit dem die Marke eine neue Baureihe begann und wieder ein grundlegend modernes, aktuelles Modell anbot.

Der 1954 entwickelte Prototyp E2 A besaß die selbsttragende Karosserie aus genieteten Aluminiumblechen des Typ D. Stilistisch gesehen konnte kein Zweifel an seiner Abstammung bestehen: die Marke hatte einen Stil geschaffen, dem sie treu blieb und den sie in allen möglichen Varianten immer wieder neu herausbrachte.

Ohne den E1 A hätte es keinen E2 A gegeben. Der Buchstabe E bedeutete, daß man sich in der post-XK-150-Ära befand, A stand für Aluminium und die Ziffer 1 besagte, daß es sich um den ersten Prototyp handelte, mit dem eine der großen Neuheiten der Generation 1960 getestet werden sollte: die einzeln aufgehängten Hinterräder, mit denen das Werk neuerdings auch Straßensportwagen und Limousinen serienmäßig ausstattete. Der Anfang 1957 gebaute Prototyp E1 A war ein kleines Juwel: er war kleiner als der zukünftige Typ E und vom Stil her auf der Basis des Typ D entstanden, dessen Entwurf vereinfacht und von seinen zahlreichen Kurven befreit worden war.

Vor einigen privilegierten Zuschauern und in den Händen einiger berühmter Piloten (Norman Dewis, Phil Weaver, Archie Scott Brown, Mike Hawthorn, Ivor Bueb) stellte der E2 A mit dem 1955 in der 2,4-l-Limousine eingeführten XK-2,4-l-Motor anderthalb Jahre lang bei Testversuchen auf Rennstrecken die Zuverlässigkeit seiner unabhängigen Hinterradaufhängung und seiner Motorisierung unter Beweis.

Im Jahr 1958 wurde der E1 A mit dem 260 PS starken 3 Liter-Rennmotor mit Alublock ausgestattet, um das revolutionäre Federungssystem und die In-

board-Bremsen auch unter härteren Betriebsbedingungen zu testen. Die Versuche verliefen zur vollsten Zufriedenheit, worauf der E1 A auf Anweisung des Chefingenieurs William Heynes vernichtet wurde. Das Glied, das den XK 150 mit dem Typ E verband, verschwand auf Nimmerwiedersehen; es wurde mit dem Schweißbrenner zerstückelt, seiner Mechanik beraubt und auf den Schrottplatz des Werks geworfen.

Der E1 A kann als Versuchsmodell der E-Baureihe angesehen werden, aber der E2 A war ein echter Renn-Prototyp. In knapp zwei Monaten konnte er mit seiner Karosserie aus unlackierten Alublechen und dem schon für den E1 A verwendeten Kennzeichen VKV 752 seine ersten Runden drehen. Der neue Prototyp war etwa so groß wie der Serien-Typ E und gehörte – chronologisch gesehen – hinter einige Vorserienmodelle dieses Typs. Trotzdem war er kein Prototyp dieser neuen Baureihe, sondern ein Außenseiter. Er kann eher als würdiger Nachfolger des Typ D mit vereinfachter Rennkarosserie und vier einzeln aufgehängten Rädern angesehen werden. Seine selbsttragende Rohrstruktur stammte nämlich direkt vom Typ D ab: er besaß das gleiche mittlere Rumpfteil, an dem der vordere Hilfsrahmen festgeschraubt war, die in Fahrtrichtung aufklappbare Front, die Scheinwerfer mit Glasverkleidungen, die Lufteinlässe auf der Haube, die Kopfstütze, die später durch ein Luftleitelement verlängert wurde und die Dunlop-Leichtmetallräder mit Zentralverschluß.

Die Montagetechnik war der Rennabteilung entnommen: zahlreiche sichtbare Nieten nähten bei diesem »Special Rivet Pop« genannten Prototyp die Bauteile buchstäblich aneinander; man fühlte sich fast in das Erscheinungsjahr 1954 des Typ D zurückversetzt. Beim ersten Test in Lindley auf der MIRA (Motor Industry Research Association)-Rennstrecke wurde der E2 A vom 3-Liter-Aggregat mit Leichtmetallblock und Lucas-Einspritzung angetrieben, mit dem die D-

Typen wegen des von der Internationalen Sportkommission vorgeschriebenen Hubraumlimits 1958 in Le Mans ausgestattet waren. Es handelte sich um den 2997-cm³-Motor, der bei einem Hub von 88 mm auf 85 mm Durchmesser aufgebohrt worden war und mit 100 PS pro Liter gleichzeitig die höchste Literleistung. Typ D-Komponenten wie der »Wide Angle«-Zylinderkopf von 1955 waren unverändert geblieben, neu war dagegen die Gemischaufbereitung durch eine indirekte Lucas-Einspritzung. Alle nur erdenklichen technologischen Feinheiten waren hier zum Einsatz gekommen: enorme Einlaßventile von 23/32 Zoll Durchmesser, die nur im 35/40 Zoll großen Wide Angle-Zylinderkopf Platz fanden. Nockenwellen mit 7/16 Zoll Öffnungshub; leichtere Kolben mit einer Verdichtung von 10:1; der »gas flow«-Zylinderkopf; Trokkensumpf mit separatem, 18 Liter fassenden Öltank und auf den Ansaugtrakt abgestimmte Auslaßwege. Auf dem Leistungsprüfstand wurden 293 PS bei 6750/min registriert – und das alles mit einem 2997 cm³ kleinen Motor.

An dieses Triebwerk war ein in einem Leichtmetallgehäuse untergebrachtes Fünfganggetriebe angeflanscht; die Achsübersetzung lag bei 2,93:1. Die Hinterachskonstruktion bestand aus dem starr mit dem Unterbau verbundenen Differentialgehäuse, aus unteren Dreieckslenkern (die Achswelle an jeder Seite des Differentials übte die Funktion des oberen Führungselementes aus), die mit doppelten Schraubenfedern und einem Rollstabilisator verbunden waren und aus beidseitig am Differential angeflanschten »Inboard«-Scheibenbremsen.

Die 1960 bei der Rennwagen-Konstruktion angewandte Technik war nicht mehr ganz so avantgardistisch wie noch einige Jahre zuvor. Es schien fast, als seien die Serienwagen – der Typ E Baujahr 1961 ist das beste Beispiel – technisch fortschrittlicher als die Rennwagen.

Der Vorserien-Typ E war als Renn-Prototyp für Le Mans gebaut worden und startete 1960 unter den Farben des Texaners Briggs Cunningham. Der E 2 A wurde von der 3 Liter-Rennversion des XK-Motors angetrieben, die erstmals 100 PS pro Liter abgab. Leider war dieser Vorserien-Prototyp nicht zuverlässig genug.

TYP E2 A

Am 9. April 1960 ging der Motor beim Training in Le Mans zu Bruch. Armer Briggs Cunningham. Seit der Auflösung des Rennstalls und der Stillegung der Rennabteilung hielten die Ecurie Ecosse, aber auch private Piloten oder Rennställe, wie derjenige Briggs Cunninghams, mit Erfolg die Farben Jaguars hoch. Cunningham, ein amerikanischer Milliardär, begeisterter und bedingungsloser Anhänger der Marke, besaß das Exklusivrecht für den Vertrieb im Staat New York und für sieben andere Staaten im Osten der USA. Er war zu allem bereit, um seinen Farben – weiß mit zwei blauen Längsstreifen in der Haubenmitte – in Le Mans zum Sieg zu verhelfen.

Zwei Jaguar befanden sich am 25. Juni 1960 am Start zum 24-Stunden-Rennen: Der 3-l-Typ D des Privatteams Ron Flockhart/ Bruce Halford und der 3-l-E2 A Cunninghams mit Dan Gurney und Walt Hansgen. Cunningham hatte außerdem ein »paar« Chevrolet Corvette eingeschrieben, um seine Siegeschancen zu verbessern und nicht mit leeren Händen in die Heimat zurückzukehren.

Nach einem vielversprechenden Rennbeginn löste Walter Hansgen seinen Copiloten Gurney ab. Bis zum Abend verlief alles wunschgemäß, dann tauchten Probleme mit der schwer einstellbaren Gemischregelung der indirekten Lucas-Einspritzung auf, die entweder zu reiches oder zu mageres Gemisch lieferte. Außerdem war eine Kraftstoffleitung brüchig geworden, so daß ein zu mageres Gemisch die Zylinder erreichte und eine ganze Reihe von Problemen verursachte, wie Überhitzung des Brennraums und ein fast schmelzender Kolbenboden. Das war das Ende des Le Mans-Abenteuers, aber Briggs Cunningham hatte eine doppelte Genugtuung: eine seiner Corvette kam auf den achten Platz, und Hansgen hatte am Ende der Mulsanne-Geraden, direkt vor der 90-Grad-Rechtskurve 305 km/h erreicht. Nicht schlecht für eine 3-Liter-Version.

Nach Le Mans wurde der E2 A in die USA eingeschifft, wo Briggs Cunningham einen mit einem 45

Mit seiner selbsttragenden Mittelzellenstruktur, vernieteten Aluminiumblechen und einer spartanischen Ausstattung besaß der E2 A noch die Merkmale seines D-Vorgängers, gleichzeitig aber auch diejenigen des Typ E, den Jaguar ein Jahr später herausbrachte.

DCOE-Weber-Dreifachvergaser bestückten 3,8-l-Motor einbaute, der die gleiche Leistung abgab wie die 3-l-Version, aber schon bei 5500/min statt erst bei 6750/min. Trotzdem verlief das Ende der Saison 1960 enttäuschend. Die Lister-Jaguar – ebenfalls im Besitz Brigg Cunninghams – schnitten viel besser ab als der E2 A, weshalb Cunningham seine Neuerwerbung ohne großes Bedauern am Ende des Jahres in sein Heimatland zurückkehren ließ.

Der E2 A besaß ursprünglich eine einfache Kopfstütze und die von der Internationalen Sportbehörde vorgeschriebene hohe Windschutzscheibe. Für das 24-Stunden-Rennen in Le Mans hatte er das famose Luftleitelement »à la D« erhalten; dann war er nach seiner Rückkehr in die USA seinen störenden Windschutz losgeworden, bevor er bei seiner endgültigen Rückkehr in die Heimat auch das hinzugefügte aerodynamische Element verlor. 1961 trat er noch einmal in Silverstone an, zusammen mit dem neuen Serien-Typ E, der kurz zuvor in Genf ausgestellt worden war.

Im Jahr 1962 wechselte der E2 A den Besitzer: Roger Woodley, Jaguar-Mitarbeiter, aber vor allem zukünftiger Ehemann Penny Griffiths, Tochter des bekannten Automobilfotografen Guy Griffiths, erwarb ihn vom Werk. Seitdem befindet sich der E2 A in seiner »Hermelinhülle mit zwei azurblauen Streifen vom Bug zum Heck« in der Sammlung Roger Woodleys.

Der E2 A ist das Musterbeispiel eines im ungünstigen Moment gebauten Autos, für das Jaguar statt einer wirklich neuen Technologie nur moderne, einzeln aufgehängte Hinterräder eingeführt und sich ansonsten damit begnügt hatte, alle Komponenten zu übernehmen, die sechs Jahre zuvor den Erfolg des Typ D begründet hatten. Im Grunde war der E2 A nur ein mit leichter Hülle eingekleideter Typ D. Im Jahr 1961 gehörte der Serien-Typ E auf allen Gebieten zur Avantgarde; der 1954 für den Wettbewerb auf höchstem Niveau gebaute E2 A war bereits überholt. Der internationale Rennsport ist hart und erbarmungslos!

TYP E2 A

Jaguar E2 A
3 Liter – 1960 – Renn-Prototyp
Bohrung × Hub: 85 × 88 = 2997 cm³
Reihen-Sechszylinder – 2 OHC
293 BHP – ca. 303 km/h
Sammlung Penny & Roger Woodley (GB)

FAMILIENSINN UND MODELLKONSTANZ

Schlechtere Voraussetzungen für die Geburt eines neuen Modells kann man sich nur schwer vorstellen: der Brand der Fabrik im Februar 1957; die seit langem niedrigste Verkaufsrate des XK 140; die veraltete Technik des getrennten Fahrgestells, über die man anfing, sich lustig zu machen; die immer härtere Konkurrenz auf dem Sportwagensektor und schließlich ein ästhetisches Konzept, das selbst im Vereinigten Königreich nicht nur Anhänger besaß.

Seit 1955 hatte die Firma Jaguar mit der später Mark I genannten 2,4-l-Limousine die serienmäßige Fabrikation selbsttragender Karosserien eingeführt, durch die sich schon im Vorjahr die Typ D-Rennwagen ausgezeichnet hatten. Jede andere Bauweise mußte mit der Zeit der neuen Technik weichen. Die Prestigelimousinen Mark VIII und IX, wie auch die XK-Versionen mit der überholten getrennten Bauweise von Chassis und Karosserie, wurden zwar mittels einiger technischer Neuheiten, die ihren Absatz verbessern sollten, auf Vordermann gebracht, aber jedermann wartete auf die neue Generation, deren Entwicklung unter strengster Geheimhaltung in den Forschungsbüros begonnen hatte. Der XK 150 und der Mark IX waren die letzten Vertreter einer langsam zum Aussterben bestimmten Automobilgeneration.

Der etwas schwerfällige Eindruck des XK 150 fand sich leider auf der Waage bestätigt: das Coupé wog 1460 kg gegen 1600 kg für das Cabriolet, das schwerste der gesamten XK-Baureihe. Der 1948 entwickelte 3,4-l-XK-Motor leistete anfangs 152 PS, dann stieg die Leistung im XK 120 langsam auf 160 PS und in der Version »Special Equipment« auf 180 PS, bis sie im 1954 herausgebrachten »Standard«-XK 140 190 PS erreichte. Mit dem Typ C-Renn-Zylinderkopf erhöhte sich die Leistung auf 210 PS; 1957 gab der XK-Motor mit dem serienmäßigen B-Zylinderkopf im XK 150 die gleiche PS-Zahl ab.

Im Gegensatz zum XK 140, der gleich bei seiner

Einführung in drei Versionen angeboten wurde, hatten die Kunden im Mai 1957 beim XK 150 nur die Wahl zwischen Coupé- und Cabrioletkarosserie.

Die Karosserie des XK 150 war eine merkwürdige Mischung aus dem Roadster XK 140 und dem 2,4-l-»Saloon« Mark I. Der Jaguar-Stil blieb zwar unverkennbar, aber die gesamte Karosserie des 140 schien wie aufgeblasen, was die ursprünglichen Ecken und Kanten verwischt hatte. Die lange schräge Linie der vorderen Kotflügel, die bei den Typen 120 und 140 an den Flanken in die kurze Rundung der hinteren Kotflügel überging, hatte sich in ein horizontales, leicht gewölbtes Kotflügelprofil verwandelt. Die Ausbuchtung in Türhöhe zwischen den vorderen und hinteren Kotflügeln war praktisch zugunsten eines verbreiterten Cockpits verschwunden. Die beim XK-Vorgänger schräg zur Front zulaufende Haube hatte einer breiteren Haube und einem proportional verbreiterten Kühlergrill Platz gemacht. Die ehemals geteilte Windschutzscheibe war beim XK 150 nach der vorherrschenden Mode durchgehend und nach allen Seiten leicht gewölbt. Dank der restlichen, ebenfalls vergrößerten Glasflächen war das Cockpit bedeutend heller. Aus wirtschaftlichen Gründen hatte das Werk einige Maschinen zur Fabrikation der Karosseriebleche modifiziert, so daß der XK 150 mit geringfügigem finanziellen Aufwand durch die bereits erwähnten neuen Kotflügelprofile und eine leicht gewölbte Haube eine ganz neue Note erhielt.

Familiensinn und Modellkonstanz: der neue XK 150 hatte große Ähnlichkeit mit dem 2,4 l Mark I; beide Modell glichen sich sogar so sehr, daß ein in der Jaguar-Modellchronik wenig bewanderter Beobachter den XK 150 für eine zweitürige Version der 2,4-l-Limousine Mark I gehalten hätte. Vom XK 140-Vorgänger stammten die Scheinwerfer, die Scheinwerfereinfassungen, die Blinkleuchten, die Begrenzungsleuchten, die Stoßstangen, die Stoßstangenhörner, die 16-Zoll-Drahtspeichenräder mit 60 Speichen

XK 150

Der XK 150, das letzte Glied der Baureihe, sollte die sportlichen Kunden bis zur Einführung des Typ E im März 1961 vertrösten.

Diese modernste Version der XK-Generation war mit Scheibenbremsen an allen vier Rädern ausgestattet.

und Zentralverschluß; von den Versionen XK 120 und 140 stammten die Lederverkleidung im Fahrgastraum, die Bordinstrumentierung mit den gleichen Zählern und Meßinstrumenten, den gleichen Bedienungshebeln und Schaltern, die im XK 150 allerdings anders angeordnet waren. Auch der Teppichboden war unverändert geblieben, aber die lackierten Holzteile verschwanden.

Der komfortable, luxuriöse, markentypische und schnelle XK 150 – fast so schnell wie der XK 140 – wartete in jenem Frühjahr 1957 mit zwei Neuheiten auf: mit dem B-Zylinderkopf, leistungsfähiger als die C-Version, und Scheibenbremsen an allen vier Rädern – die »Bremsen der Zukunft«, wie die Einführungsbroschüre prophezeite. Jaguar hatte dieses Bremssystem schon seit Ende 1952 bei seinen Rennwagen eingeführt, war dann aber im Gegensatz zu seinen Konkurrenten mit dem serienmäßigen Einbau in die Touren- und Sportmodelle in Verzug geraten.

Trotz der Kritik – die Regeln britischen Karosseriestils entfernten sich immer mehr von dem auf dem Kontinent vorherrschenden italienischen Design – wurde dem XK 150 ein begeisterter Empfang zuteil. Der exotische Charme und die Seltenheit des neuen Jaguar übten in einem automobilistischen Umfeld, dem der XK 150 schon nicht mehr ganz angehörte, einen besonderen Reiz aus. Malcolm Sayer, der geniale Werksdesigner, hatte gelernt, das »Sport symbol made in Coventry« mit anderen Augen zu sehen: seine Typen C und D und sein winziger spindelförmiger E1 A kündigten bereits die post-Lyons-Ära im Karosseriestil an. Der XK 150 war ohne Zweifel Sir Williams letzte Schöpfung.

Es bedurfte eines gewissen Abstandes, um den Wert des lange wie ein später 140 mit runderen Formen angesehenen XK 150 richtig zu schätzen. Dieser letzte Jaguar, ein typisch britisches Fabrikat, ein bis zu den Stoßstangen echter Vertreter der Marke und ein Übergangsmodell, war ein Symbol der zu Ende gehenden »fifties«.

Drei bedeutende Ereignisse rückten den XK 150 in den Mittelpunkt des Interesses: die Einführung des Roadsters, der S-Version und des 3,8 Liter-Motors. Die beiden ersten ausschließlich für den Export konzipierten Neuheiten wurden im März 1958 vorgestellt. Der für den amerikanischen Markt gebaute Roadster wartete mit einem neuen Zylinderkopf auf. Jaguar setzte alles auf die Karte der Leistungssteigerung. Harry Weslake, der seit 1943 als beratender Ingenieur für Jaguar arbeitete, auf dessen Konto bereits alle auf dem Gebiet des Zylinderkopfes erzielten Fortschritte kamen, war auch der Urheber der neuen S-Version (S für Sport) mit zwei 1-Zoll-Vergasern auf der Basis seines B-Zylinderkopfes, die wegen ihrer begradigten Einlaßkanäle »Straight port« genannt wurde. Bei unverändertem Hubraum von 3442 cm^3 erhöhte sich die Leistung offiziell von 210 auf 250 PS. Der berühmte XK-Motor entwickelte mit diesem neuen Bauteil eine Literleistung von 72,6 PS, gegen 46,5 PS im Jahr 1950.

Das Erscheinen des XK-Roadster brachte auch den Verkauf des XK 150 wieder in Schwung. Die Verkaufsrate erreichte das im Rekordjahr 1955 mit dem XK 140 erzielte Niveau. 1957 hatten nur 1379 Modelle in den USA Abnehmer gefunden, 1958 wurden 4547 XK 150 verkauft.

Der im Hinblick auf das amerikanische Publikum konzipierte Roadster war kein schlichtes Cabriolet mit vereinfachtem Verdeck und tief ausgeschnittenen Türen; die Proportionen hatten sich geändert; der Roadster besaß eine besonders lange Haube, die den sportlich-aggressiven Charakter des Modells betonte. Zu diesem Zweck war die Windschutzscheibe weiter zurückversetzt worden, ohne die Position oder die Größe der Türen zu ändern. Das Heck war ebenfalls lang und glatt, bot aber keinen Platz für einen Notsitz. Als Tribut an Modernismus und Komfort hatten rich-

XK 150

tige Kurbelfenster die Plexiglasscheiben der Roadster 120 und 140 ersetzt. Das Verdeck verschwand völlig hinter den Sitzen und enthüllte, wie bei den Vorgängern, eine Linie von makelloser Reinheit. Die notwendige Höhe der Seitenscheiben hatte zu einer weniger ausgebuchteten Türoberkante geführt.

Als dritte Neuheit war der 3,8-l-Motor endlich betriebsfertig und wurde im Oktober 1959 auf der Ausstellung in London offiziell eingeführt. Der Übergang vom 3442 cm^3 auf 3781 cm^3 hatte sich schon 1957 mit dem Typ D und seit dem Frühjahr 1959 mit der Mark IX-Limousine vollzogen. Der neue Block wies die gleichen Abmessungen auf wie das alte 3,4-l-Triebwerk, aber die Zylinder waren von 83 auf 87 mm aufgebohrt worden und besaßen neuerdings Laufbüchsen; das Bohrungs-/Hubverhältnis betrug jetzt 87×106 mm. Zusammen mit dem »Straight port«-Zylinderkopf erbrachten diese Modifikationen eine beträchtliches Leistungsplus: statt der 250 PS in der 3,4-l-Version des Typ S entwickelte der neue 3,8-l-Motor 265 PS – eine phänomenale Leistung, die alle Sportwagen der Konkurrenz weit hinter sich ließ.

Der Roadster wurde in vier Versionen angeboten: als 3,4 l, als 3,4 l-»S«, als 3,8 l und als 3,8 l-»S«; diese letztere Variante war natürlich die stärkste und schnellste: 200 bis 250 km/h Höchstgeschwindigkeit; 7 Sekunden, um von 0 auf 100 km/h zu beschleunigen und 19 Sekunden von 0 auf 160 km/h. Aber das alles genügte nicht, um dieses Modell einer anderen Epoche wieder in der Gunst des Publikums steigen zu lassen. 1959 sank die Produktionsrate um die Hälfte, 1960 fanden nur noch 1075 Exemplare Abnehmer, unter denen sich 88 Roadster befanden.

Das phantastische XK-Abenteuer ging 1961 mit der Einführung des Typ E zu Ende. Dreizehn Jahre einer ereignisreichen Sportkarriere hatten aus dem XK ein legendäres Auto gemacht.

XK 150

Jaguar XK 150
3,4 Liter – »Drophead Coupé – 1960
Bohrung × Hub: 83 × 106 = 3442 cm^3
Reihen-Sechszylinder – 2 OHC
210 BHP – ca. 195 km/h
Sammlung Brian Eking (GB)

TYP E 3,8 LITER

UND JAGUAR SCHUF DEN E

Einschneidende stilistische Neuerungen finden in der Automobilgeschichte meist unverhofft statt. Geniale Ideen im Karosseriedesign sind meist nicht die logische Folge einer zusammenhängenden Kette stilistischer Erfindungen; jede bedeutende Neuheit wirkt wie ein Elektroschock. Der XK 120 hatte dem SS 100 nichts zu verdanken, der Typ C nichts dem XK 120 und der Typ D glich auch keinem seiner Vorgänger. Die gleiche Feststellung kann bei anderen Autoproduzenten gemacht werden, gleich ob es sich dabei um Ferrari, Cord, Mercedes, Bugatti oder Maserati handelt. Der Typ E bestätigte diese Regel: sieht man vom Typ D ab, dessen Karosserie bereits auf den E-Nachfolger hinwies, so tauchte der neue Jaguar Typ E unangekündigt, ja sogar unvermutet auf.

Der Typ E setzte neue Maßstäbe im Sportwagenbau und die Konkurrenz war mit einem Schlag um zehn Jahre gealtert. Als der Typ E im März 1961 auf der Ausstellung in Genf vorgeführt wurde, konnte das Publikum gleichzeitig ein neues Konzept, eine neue Stilrichtung, eine neue Technologie und bei einem serienmäßig gebauten Sportwagen bislang unbekannte Fahrleistungen bewundern. Alles am neuen Jaguar gab Anlaß zur Begeisterung, zu Superlativen, zu überschwenglichem Lob: die Spitzengeschwindigkeit, das Beschleunigungsvermögen, seine bildschöne Karosserie, der Mythos Jaguar, seine Abstammung vom Typ-D-Le Mans-Sieger und vom E2 A, seine Einzelradaufhängung vorne und hinten, die vier Scheibenbremsen, das Lenkrad aus Edelholz, das Aluminium-Instrumentenbrett, die kleinen Rennsitze, die verkleideten Scheinwerfer, Drahtspeichenräder, die niedrige Gürtellinie, die 265 PS des XK-Motors, die eindrucksvolle Batterie der großen 2-Zoll-SU-Vergaser.

Der glückliche Sterbliche, der ein solches Meisterwerk schuf, kann des ewigen Ruhms sicher sein; wer sich aber über die Gründe seiner Entstehung Klarheit verschaffen will, muß schon im Kapitel über den Typ D nachschlagen und auf den eigenartigen E2 A zurückgehen, der nicht – wie oft vermutet – der Stammvater aller E-Typen ist, sondern ein Vorbote des Modells, das eines Tages in der Form des Typ E Lightweight erschien.

Nicht der E2 A von 1960 muß also unter die Lupe genommen werden, sondern der E1 A, von dem tatsächlich die gesamte E-Baureihe abstammt. Der E1 A war ein verkleinertes, offenes Modell, dessen stromlinienförmige Karosserie eindeutig vom Typ D abstammte, das aber bei den Modifikationen die aggressiv-sportlich geschwungenen Kotflügel seines Vorgängers verloren hatte. Die Entwicklung des E1 A begann im Oktober-November 1956, ein paar Monate bevor am 12. Februar 1957 im Werk in Foleshill Feuer ausbrach und einen Teil der Gebäude vernichtete, und ein paar Wochen vor der Einführung des XK 150 im Mai 1957. Als das E1 A-Projekt Form anzunehmen begann, arbeitete Jaguar bereits am Nachfolger des XK 150, der gerade erst Presse und Publikum vorgestellt worden war.

Im März 1957 war der neue Jaguar produktionsreif. Wie das A seiner Typenbezeichnung vermuten ließ, bestand seine Karosserie – wie diejenige der D-Typen – aus Aluminium und besaß ein selbsttragend ausgeführtes Mittelteil, an dem ein vorderer Hilfsrahmen für Antriebseinheit, Radaufhängung und Lenkung befestigt war. Auch im Heck befand sich ein Hilfsrahmen, der vor allem der Unterbringung des Benzintanks diente. Strukturell bot der E1 A also nichts grundlegend Neues, denn Jaguar hatte dieses Dreiteil-Konzept schon 1954 mit dem Typ D eingeführt; die Überraschung kam von der unabhängigen Hinterradführung – zum ersten Mal in der Geschichte der Marke. Chefkonstrukteur William Heynes hatte schon einmal mit einer De Dion-Achse einen Vorstoß in diese Richtung gemacht, obwohl der Versuch wegen der konstruktiven Besonderheit dieses

Systems nur von kurzer Dauer gewesen war; damit hatte die Firma aber bewiesen, daß sie das 1948 für die Vorderräder eingeführte System auch den Hinterrädern zugute kommen lassen wollte.

Man weiß nicht genau, welcher Platz im Modellprogramm dem E1 A eigentlich zugedacht war, denn er besaß alle wesentlichen Merkmale des zukünftigen Typ E: seine Gesamterscheinung, seine seitlich umfassende Windschutzscheibe, den Lufteinlaß auf der Haube, die selbsttragende Bauweise, die vorderen Dreieckslenker mit langem Führungsarm, die unabhängige Hinterradführung und die Anordnung von Motor und Kraftübertragung. Dieser Prototyp, mit dem vor allem die neue Hinterradaufhängung im Straßenverkehr getestet werden sollte, wurde von der 2,4-l-XK-Baugruppe angetrieben. In Anbetracht der geringen Abmessungen des Prototyps und seiner Leichtbauweise genügte der Kurzhubmotor der 2,4-l-Limousine vollauf, um dem E1 A zu erstaunlichen Fahrleistungen zu verhelfen. Bei diesem ersten Versuch war das Differentialgehäuse direkt an der mit Stahlblechen verstärkten Karosserie verschraubt worden, aber das Geräuschniveau und die auf den gesamten Aufbau übertragenen Schwingungen waren fast unerträglich. Bei den im Frühjahr 1957 durchgeführten Straßentests zeigte der Jaguar allerdings sofort ein bemerkenswert ausgewogenes Fahrverhalten. Von den Schwingungen abgesehen schien der E1 A im Fahrbetrieb nur Qualitäten zu besitzen. Er erwies sich als ungemein wendig, seine Fahrstabilität war untadelig und Fahr- und Bedienungskomfort wesentlich besser als bei den anderen Modellen der Marke. Der Typ E war geboren! Das Jaguar-Aushängeschild der 60er Jahre konnte im endgültigen Maßstab Form annehmen, ohne seine Linien dabei zu verändern: die gestreckte, stromlinienförmige, genial schlichte Karosserie mit der überlangen Haube, die makellose Reinheit der Linienführung wurden das Schönheitsideal von Millionen Automobilisten und das Symbol einer neuen Ära für die westliche Welt, deren Leitworte von nun an Fortschritt, unbegrenztes Wachstum, Verschwendung, Sorglosigkeit und soziale Erschütterung hießen.

Symbol und Aushängeschild, Signalfahrzeug, Traumauto – der verteufelte Lyons und sein Komplize Ernest Rankin, Public-Relations-Manager und Leiter der Werbeabteilung hatten ihre Genfer Insze-

Die wahrscheinlich schönste Karosserie der Automobilgeschichte. Malcolm Sayer hatte vor diesem Meisterwerk bereits die Typen C und D entworfen.

Das 3,8-Liter-Aggregat des Roadsters gab mit seinem »Straight Port«-Zylinderkopf und drei Vergasern 265 PS ab und beschleunigte den Typ E auf 240 km/h … im Jahr 1961!

nierung bis ins kleinste vorbereitet. Was für ein langer Weg seit den ersten Entwürfen im Dezember 1956 und den ersten Holzmodellen im Frühjahr 1957. Für kein anderes Modell hatte sich die Firma bisher so lange Zeit zur Entwicklung genommen. Der große amerikanische Markt und die Erfordernisse der Serienproduktion machten der Improvisation, die in den Werken von Foleshill und Browns Lane herrschte (und heute noch nicht ganz verschwunden ist) ein Ende. Der erste Prototyp E1 A war aus der Zusammenarbeit verschiedener Persönlichkeiten entstanden: Tom Jones, Zeichner und Assistent Malcolm Sayers, Bob Knight und Phil Weaver, Leiter der Rennabteilung, Bill Heynes natürlich, aber auch Harry Roers, Robert Blake, William Cassidy und Richard Hassan, Sohn Wally Hassans, einer der drei für die Entstehung des XK 120 verantwortlichen »Musketiere«.

Bei seinem Erscheinen wurde der neue Jaguar als Nachfolger des Typ D (und nicht des XK) offiziell »Typ E« genannt. Gleichzeitig gaben Willialm Heynes und Malcolm Sayers aber eiligst zu verstehen, daß es sich zwar um einen Nachfolger des Typ D handelte, aber um eine Serienversion ohne jede Rennambition.

Im Mai 1957 begannen intensive Testfahrten mit dem E1 A auf der MIRA-Rennstrecke in der nahe bei Coventry gelegenen Ortschaft Lindley. Zur gleichen Zeit stritten sich William Heynes und »Lofty« England über die Zweckmäßigkeit, wieder im Wettbewerb einzusteigen. Jeder der Kontrahenten brachte triftige Argumente vor und wandte sich zur endgültigen Enscheidung an William Lyons – seit 1956 Sir William. Heynes befürwortete ein neues Rennabenteuer, während England, Leiter des Rennstalls, dieser Hypothese ablehnend gegenüberstand, weil die Marke im Rennabenteuer viel zu verlieren, im Siegesfall aber nur wenig zu gewinnen hätte. Sir William schlichtete den Streit, indem er den Type E kurzerhand in die Kategorie der Kunden-Sportwagen einreihte.

In der Racing-Version mit Alufelgen und 45-mm-Weber-Vergasern war der Roadster eine schwer zu bändigende Rennmaschine, deren enormes Potential nur erfahrene Piloten voll ausnutzen konnten.

Jedermann im Werk, bis hinunter zum einfachen Arbeiter, war vom neuen Modell begeistert. Man spürte wohl, daß die Zukunft der Firma in gewisser Weise von diesem einmaligen, meergrünen Sportroadster mit den ungewöhnlichen Proportionen abhing, den man von Zeit zu Zeit, wenn er von seinen Testfahrten zurückkehrte, zwischen Lindley und Allesley zu Gesicht bekam. Die einzige private Testfahrt unternahm Christopher Jennings, Chefredakteur der Automobilzeitschrift *The Motor,* gemeinsam mit seiner Frau an einem denkwürdigen Wochenende, das er in einem begeisterten, an William Lyons gerichteten Bericht in allen Einzelheiten beschreibt.

Ein solches Auto dem Chefredakteur einer bedeutenden Zeitschrift anzuvertrauen, war gewiß nicht frei von Hintergedanken, selbst wenn in einer ersten Phase absolutes Stillschweigen verlangt wurde. Anfang Mai 1958 entstand gleichzeitig ein zweiter Prototyp im Maßstab 1:1; eigentlich war es kein richtiger Prototyp, sondern ein Versuchsmodell, das helfen sollte, den kompletten Typ E mitsamt Zubehör in natürlicher Größe zu beurteilen. Sir Williams arbeitete täglich höchstpersönlich am Modell, um bei den endgültigen Entscheidungen in punkto Ästhetik seine Ideen durchzusetzen: Malcolm Sayers war zwar der Urheber des Entwurfs, aber William Lyons wachte eifersüchtig über sein Mitspracherecht.

Nach diesem Versuchsmodell in natürlicher Größe entstand der zweite »fahrende« Prototyp. Innerhalb einer einzigen Woche nahmen die Bauteile aus Aluminium unter Arbeitsbedingungen Form an, bei denen einem Ingenieur von heute die Haare zu Berge stehen würden. Aber schließlich war man in der Browns Lane an diese Methoden gewöhnt, und das Resultat konnte sich sehen lassen.

In der Rennabteilung erhielt die Neuschöpfung wegen ihrer vernieteten Bauteile, die dem Ganzen einen unfertigen Anstrich verliehen, den Spitznamen

9100 RC 24

474 VK 25

TYP E 3,8 LITER

Die Linienführung des mit dem Dachaufbau verschmelzenden Fastback-Hecks ist besonders gelungen.

Alle Attribute eines echten Rennwagens sind beim Typ E vorhanden: Holzlenkrad, Schalensitze, Instrumentenbrett aus poliertem Aluminium, kleiner Rennschalthebel und die originellen Scheinwerfer mit ihren aerodynamisch geformten Glasverkleidungen.

»Pop Rivet Special«. Norman Dewis, Testfahrer der Marke, verfügte endlich über einen einsatzbereiten Typ E in Normalgröße, mit dem er ab März 1958 auf der MIRA-Rennstrecke die ersten Testrunden drehen konnte. Darüber geriet der E1 A jedoch nicht in Vergessenheit; Norman Dewis testete beide Modelle bis zum Sommer des gleichen Jahres.

Die Debatte über eine eventuelle Rückkehr der Marke zum Wettbewerb war immer noch nicht abgeschlossen. William Heynes gab Projekte, an die er glaubte, nicht so leicht auf. Es gelang ihm, William Lyons von der Möglichkeit einer Kleinserienproduktion von »10 bis 12« nur für den Wettbewerb bestimmter Typ E zu überzeugen. In einer innerbetrieblichen Mitteilung vom 10. Juni 1958 kündigte er bereits den Monat September als Einführungsdatum an und sah schon den Bestimmungsort der 12 Exemplare vor: drei sollten an den Rennstall »Ecosse« geliefert werden, drei weitere an den Rennstall des Amerikaners Cunningham, drei sollten die Marke vertreten, ein viertes Exemplar sollte im Notfall als Ersatzfahrzeug dienen und die letzten beiden Exemplare sah William Heynes als Reserve für Ersatzteile vor. Er beschrieb sogar die zukünftige Mechanik in allen Einzelheiten: Gemischaufbereitung durch Einspritzung, Verwendung von Titan für die Komponenten der Vorder- und Hinterradaufhängung, erleichterte Antriebswelle, Fünfganggetriebe, Sperrdifferential, verkleinerte Windschutzscheibe und leichteres elektrisches Zubehör für Kurzstreckenrennen.

Dieses von Philip Porter wiedergefundene innerbetriebliche Rundschreiben zeigt, wie stark die Eventualität einer Wiederaufnahme der Renntätigkeit die Gemüter erregt haben mußte.

Unterdessen machte das Serien-E-Projekt Fortschritte. Cyril Crouch wurde mit der Herstellung des endgültigen Prototyps (Nummer 3) im Maßstab 1:1 beauftragt, der wie der endgültige Typ E aussehen sollte. Das war im August 1958, und nach den Plänen

William Heynes sollten maximal 1000 Exemplare herausgebracht werden. Er sagte zu Cyril Crouch, bevor dieser mit der Herstellung des Muster-Prototyps begann: »Ich glaube nicht, daß wir viel verkaufen werden – höchstens 500 oder 1000 Stück.« Dieses amüsante Detail erklärt, weshalb Cyril Crouch den dritten Prototyp unter minimalem Aufwand und mit den vorhandenen Mitteln anfertigte.

474 VK 25

Zur Motorisierung des Typ E wurde alles mögliche versucht: der kleine leichte Versuchs-E1 A erhielt einen 2,4-l-Motor mit zwei HD 8-Vergasern, während der »Pop Rivet Special« von den 3- und 3,8-l-Versionen angetrieben wurde. Das Werk machte außerdem verschiedene Experimente, die zum »Wide Angle«-Zylinderkopf, zur indirekten Lucas-Einspritzung und zum Versuchs-Vierventil-Zylinderkopf auf dem 3-Liter-Motor führten. Es stellte sich bald heraus, daß die 3,8-l-Version mit drei HD 8-Vergasern auf dem »Straight Port«-Zylinderkopf die ideale Lösung war – der gleiche Motor hatte schon die Mark IX-Limousinen angetrieben, allerdings mit dem B-Zylinderkopf und nur zwei HD 6-Vergasern. Der 1959 gebaute Ganzstahl-Prototyp Nummer 3 gab bereits eine ziemlich genaue Idee vom endgültigen Typ E; auf ihn folgte ein weiterer Prototyp mit Stahlkarosserie, bei dem es sich um den richtigen Vorserien-Typ E handelte. Das ganze Jahr 1959 war den Tests und Abstimmungsarbeiten am letzten Prototyp sowie der Vorbereitung der zur Serienproduktion nötigen Fertigungsanlagen und Methoden gewidmet. Alle ersten Prototypen waren Roadster, aber eine geschlossene »Fastback«-Version sollte gleichzeitig mit den Sportroadstern in Produktion genommen werden.

Die Genfer Ausstellung rückte schnell näher. Das Jahr 1960 war mit dem normalen Produktiosprogramm, der Installation der Montagebänder, der Verbindung zur Zulieferfirma für die Karosseriebleche und den endlosen Testserien auf dem Kontinent voll ausgefüllt. Sir William konnte es sich nicht leisten, schlecht präparierte oder unzuverlässige Fabrikate auf den Markt zu bringen, was die unverhältnismäßig lange dauernden Abbstimmungsarbeiten erklärt. Überall tauchten Probleme auf, bei den Bremsen, Scheibenwischern, Zubehör, Hinterradaufhängung, Heizung, bei der elektrischen Anlage, der Fahrposition, Ausstattungsdetails, der Wetterfestigkeit des Verdecks und des Kofferraums, Handbremse – es

brauchte Monate, um alle Probleme zu bewältigen und Testfahrten über Hunderttausende von Kilometern waren nötig, um alle Kinderkrankheiten zu beseitigen. Der Typ E hätte schon ein Jahr früher herausgebracht werden können, aber der Perfektionisdrang des Firmenchefs hatte die Einführung von Monat zu Monat verzögert. Währenddessen stieg die Spannung; geschickt dosierte Indiskretionen wurden der Presse zugespielt, die Journalisten phantasierten an Hand einiger vager Skizzen, die unwahrscheinlichsten Gerüchte kursierten. Sir Williams rieb sich vergnügt die Hände: die Lage war günstig, sein neues Modell war das Tagesgespräch und man brauchte nur noch auf den entscheidenden Donnerstag, 16. März 1961, zu warten, an dem der Typ E Presse und Fachwelt vorgestellt werden sollte.

Bob Berry wurde die fragwürdige Ehre zuteil, den kostbaren Ausstellungs-Prototyp auf Verkehrswegen nach Genf zu fahren. Sir Williams und sein Werbemanager Ernest Rankin hatten beschlossen, nur einen einzigen Typ E auszustellen, nämlich den fünften in Coventry zusammengebauten Prototyp, ein metallicgraues Coupé mit Linkslenkung und dem berühmt gewordenen Kennzeichen 9600 HP.

TYP E 3,8 LITER

Wieder einmal befand sich die gesamte Belegschaft in Coventry in heller Aufregung; nichts war rechtzeitig fertig. Am Tag vor der Abfahrt machten sich die Techniker noch am Modell zu schaffen, bevor Bob Berry bei Nacht und Nebel das Prunkstück gen Dover fuhr. Man kann sich nur mit nachträglichem Schrekken ausmalen, was passiert wäre, wenn Bob Berry bei dem dichten Nebel einen Zusammenstoß oder vielleicht sogar einen schwereren Unfall gehabt hätte – entweder spielte man in der Browns Lane gerne mit dem Feuer oder man war durch eine gesunde Dosis Leichtsinn gegen Bedenken dieser Art gefeit. Wieviele Konstrukteure hätten ihr Auto ohne das geringste Zögern auf einen LKW verfrachtet und drei Tage vor dem Termin mit Eskorte zum Ausstellungsort transportiert, um sich beim Heranrücken des großen Ereignisses gegen jegliche Beschädigung des wertvollen Objekts abzusichern. Sofort bei seiner Ankunft in Genf wurde das Coupé beim Importeur Marcel Fleury einer ausgedehnten Säuberungsaktion unterzogen, bevor man es zum berühmten »Parc des Eaux Vives« fuhr.

Wer sich eine Vorstellung vom Empfang machen will, der dem Typ E an jenem 17. März von Presse und Publikum zuteil wurde, braucht nur die Schlagzeilen in den Tageszeitungen und Fachzeitschriften von damals nachzulesen und die von den Kommentatoren angegebenen Ziffern, die in der Automobilpresse veröffentlichten enthusiastischen Beschreibungen, Skizzen und Tabellen und die Kommentare aus aller Welt zu vergleichen. Es war quasi unmöglich, sich dem »E-Type-Syndrom« mit seinen 240 km/h, seinen 265 PS, seinem verblüffenden Spurtvermögen und seiner suggestiven Erscheinung zu entziehen. Jeder wollte das Auto ausprobieren; die Vertragshändler baten flehentlich um Lieferung wenigstens einiger Exemplare; potentielle Käufer mußten sich in Geduld fassen, denn einige Typ E standen zwar für die »Showrooms« bereit, aber die Montage-

Fließbänder waren weit davon entfernt, der Nachfrage gerecht zu werden. William Heynes lag mit seiner Schätzung einer Serie von »höchstens 500 bis 1000 Stück« gründlich daneben: Zwischen 1961 und 1975 liefen 72000 Typ E in den Jaguar-Werken vom Band.

Der Typ E ist das absolute Kultobjekt.

TYP E 3,8 LITER

Jaguar Typ E
3,8 Liter – Roadster – 1961
Bohrung × Hub: 87×106 = 3782 cm³
Reihen-Sechszylinder – 2 OHC
265 BHP – ca. 240 km/h
Sammlung Claude Clérici (F)

DIE GLORREICHEN ZWÖLF

Der Typ E Lightweight Peter Lindners verdient alle Superlative: er war der stärkste, der schnellste und der schönste, vielleicht auch der unglücklichste E-Typ, – alles, was menschlicher Geist erfinden kann, war in diesem außergewöhnlichen Typ E zusammengefaßt, mit dem Coventry dem Rivalen in Modena Konkurrenz machen und die Vorherrschaft des 250 GTO brechen wollte.

Der Typ E Lightweight stammte direkt vom Serienmodell ab und könnte in der Formel »Gewichtsverringerung plus Tuning« zusammengefaßt werden. Die Idee, einen bereits 240 km/h schnellen Sportwagen in einen Rennwagen zu verwandeln, stammt von John Coombs. Als Privatmann und ohne nennenswerte Unterstützung vom Werk machte Coombs den gleichen Versuch mit dem Serien-Typ E 4 WPD, den er bereits mit dem Mark II »Coombs« unternommen hatte. Coventry willigte in den Bau einer Karosserie ein, die durch Verwendung dünnerer Bleche – allerdings immer noch aus Stahl – und eines Aluminiumdachs leichter gemacht werden sollte. Tatsächlich verlor der Lightweight auf diese Weise 140 kg. Mit einem vom Typ D übernommenen Motor und drei 45 DCOE-Weber-Vergasern, einem »Wide Angle«-Zylinderkopf, Nockenwellen mit besonders hohem Nokkenhub, einer härter abgestimmten Federung, Renn-Gummifederlagern, neuen Bremsen, einem großen Renntank und unter Aufgabe allen für den Piloten im Cockpit nicht unentbehrlichen Zubehörs hat der Leser ein Bild von der Lightweight-Version, so wie sie einige Monate später offiziell als Typ E »Rennversion« vorgestellt wurde – von einem Detail abgesehen – nämlich der Stahlkarosserie.

Leider klang die Saison 1962, die so vielversprechend begonnen hatte, am Ostermontag in Goodwood mit einem großen »Crash« aus, bei dem Roy Salvadori unverletzt davonkam, sein Jaguar »E Coombs« aber schrottreif war. Bei Jaguar begann man, Geschmack am Bearbeiten der Modelle zu finden und knobelte, was denn nun vorrangig verbessert werden sollte – Karosserie, Motor oder Radaufhängung. Wer steckte als treibende Kraft dahinter? Briggs Cunningham natürlich, der sich ganz seiner doppelten Leidenschaft für Jaguar und Le Mans verschrieben hatte. Sein Typ E LW trat zum ersten Mal zusammen mit zwei anderen Jaguar gleichen Typs, die Cunningham gleichzeitig erstanden hatte, auf der Rennstrecke der Sarthe an. Es war das berühmte 1963er Trio mit den Startnummern 14 (für den 5114 WK), 15 (für den 5115 WK) und 16 (für den 5116 WK). 14 startete mit dem Team Hansgen/Pabst, 15 mit Richards/Grossman und 16 mit Cunningham, der Roy Salvadori als Teamgefährten gewählt hatte. Außerdem war ein vierter »assimilierter« Jaguar mit Peter Lumsden und Peter Sargent am Start, nämlich der als Coupé karossierte Lister mit dem Gitterrohrrahmen Frank Costins. Leider mußte der Lister wegen einer gebrochenen Kupplungsschraube ausscheiden.

Im Jahr 1963 hatte der E »LW« noch große Fortschritte zu machen, um zur Spitze seiner Kategorie vorzustoßen. Die von der Fachzeitschrift *The Autocar* durchgeführte Zeitnahme am Ende der Hunaudières war unwiderruflich: 264,9 km/h für den Ferrari 250 unter Pierre Noblet und 259,9 km/h für den Aston-Martin Mac Larens. Der Drittschnellste war der Lister-Jaguar »Space Frame« Peter Sargents mit 250 km/h; der erste Typ E »Lightweight« Briggs Cunninghams lag mit 235,9 km/h weit zurück.

Sobald das 24-Stunden-Rennen vorüber war, stürzte sich Malcolm Sayer in langwierige aerodynamische Modifikationen, die die Auftriebskräfte an der Front bei hoher Geschwindigkeit vermindern und die Bodenhaftung im Heck durch Verbesserung der Strömungsverhältnisse optimieren sollten. Briggs Cunningham war nämlich 1962 in Le Mans mit seinem (fast) Serien-Coupé Typ E (fast) so schnell gewesen wie 1963 mit seinen hochgezüchteten Rennmaschinen. Die Lösung mußte demnach beim Coupé und

Diese »Low Drag«-Version des Lightweight Typ E ist dem Talent Malcolm Sayers zu verdanken.

dessen »Fastback«-Heck gesucht werden. Die Geschichte der »Low Drag«-Coupés ist identisch mit derjenigen der LW-Versionen der zweiten Generation. Malcolm Sayer, der aus den Erfahrungen in Le Mans und mit dem Ferrari 250 GTO gelernt hatte, entwarf eine vollkommen neue Karosserie für den Serien-Typ E.

S 850662, der fünfte Typ E »LW«, wurde am 7. Mai 1963 mit der Zulassungsnummer 4868 WK an Peter Lindner geliefert, den Jaguar-Vertreter in Frankfurt, der selbst ein talentierter Rennfahrer war und mit seinem Landsmann Peter Nöcker ein Team bildete. Dieser Jaguar besaß die gleichen Merkmale wie die Typ-E-LW-Typen Briggs Cunninghams, und zwar was die Mechanik betraf – 3,8-l-Leichtmetallblock, vom Typ D übernommener »Wide Angle«-Zylinderkopf mit optimierter indirekter Einspritzung – aber auch die Aluminiumkarosserie seiner Schwestermodelle.

Peter Lindner nahm mit dem Jaguar am 1000-Kilometer-Rennen des ADAC auf dem Nürburgring teil. Peter Nöcker übernahm als erster das Steuer und hielt trotz der ungewohnten Rechtslenkung den Ferrari stand. Er lag auf Platz vier, als ihn Probleme mit dem Motor zur Aufgabe zwangen.

Dieser 3,8-l-Leichtmetall-Motorblock war nur eine der Achillesfersen der »Lightweight«-Versionen. Statt einen ganz neuen Motorblock zu entwerfen, war in der »West Yorkshire Foundry« lediglich Aluminiumlegierung statt Gußeisen in die Original-Gußform gegossen worden; nur ein paar zusätzliche Versteifungsrippen sollten dem Bauteil die nötige Festigkeit geben. Trotzdem gab es Probleme mit der Dichtung; die neue Legierung war zu wärmeempfindlich, das schwere neue ZF-Getriebe war zu weit im Heck eingebaut, so daß die starken Schwingungen bei hoher Geschwindigkeit Risse im Gehäuse verursachten. Nur wenige dieser Leichtmetall-Motoren waren der Rennbeanspruchung gewachsen, was verschiedene der Probleme überdrüssige LW-Eigentümer veran-

4868 WK

laßte, wieder den guten alten gußeisernen Block einzubauen.

Der Typ E »Lindner« war rein äußerlich die exakte Kopie des Serien-Roadster mit Hardtop. Man war noch weit von der rassig-aggressiven, aerodynamischen Linie des zukünftigen »Low Drag«-Coupés entfernt. Die Jaguar bestritten die gesamte Rennsaison mit ihren Standard-Hardtop-Karosserien. Am Ende der Saison ließ Peter Lindner seinen Typ E in die Browns Lane bringen, denn es gab keinen Zweifel mehr, das war auch Malcolm Sayers klargeworden, daß die schlechte Aerodynamik eine gute Plazierung in Le Mans unmöglich machte. Bis auf die Passagierzelle wurden alle Karosserieteile des LW abmontiert; auf das Mittelteil verpflanzte Malcolm Sayers eine neue, seitlich weit umfassende Windschutzscheibe, an die sich ein Dach anschloß, das in einer harmonischen Rundung in ein stufenloses, leicht gewölbtes Heck mit integriertem Rückfenster und Kofferraum überging. Die fehlenden hinteren Seitenfenster unterstrichen die klaren Linien ohne überflüssiges Zubehör dieses Fastback-Hecks. Die hinteren Kotflügel waren für die neuen Dunlop-Räder mit großem Nachlauf verbreitert worden. Alle Teile waren nach der Technik der Rennsportmodelle vernietet.

Die 3,8-l-Antriebseinheit wurde einem der außergewöhnlichsten, seit der Entwicklung des XK-Motor je vom Werk vorgenommenen Frisierversuche unterzogen. Die Abteilung für Versuchsmotoren beschloß, den Leichtmetall-Zylinderblock wieder zu verwenden und den »Wide Angle«-Zylinderkopf der dritten Generation mit den größten je montierten Ventilen zu versehen: $2\frac{3}{32}$ Zoll für das Einlaßventil und $1\frac{11}{16}$ Zoll für das Auslaßventil; zu den Neuerungen gehörten außerdem Nockenwellen mit $1\frac{5}{32}$ Zoll Öffnungshub, Lucas-Einspritzung und natürlich Trockensumpfschmierung; nach dieser Leistungsspritze gab der 3,8-l-Motor 344 PS auf dem Prüfstand ab. Schließlich ersetzte das Werk das Jaguar-Vierganggetriebe durch

Die aggressiv wirkende Front und die niedrige, aerodynamische Erscheinung lassen an der Berufung des Lightweight zum Wettbewerb auf höchstem Niveau keinen Zweifel. Diese Version wird vom stärksten Motor der XK-Reihe angetrieben: 344 PS Leistung!

ein schweres, aber wirksames ZF-Fünfganggetriebe, dessen Montage ein wuchtiges Paßstück im Anschluß an das Kupplungsgehäuse nötig machte, was den Hecküberhang noch mehr betonte.

Dann wurde der neue »Low Drag« lackiert und das Interieur mit Leder ausgekleidet. Der Jaguar-Testfahrer Norman Dewis drehte einige Versuchsrunden, bevor der neue Typ E Lightweight seinem Besitzer Peter Lindner gerade noch rechtzeitig zum 1000-km-Rennen auf dem Nürburgring übergeben wurde.

Leider wiederholten sich die Ereignisse des Vorjahres, der Typ E erwies sich wegen der hohen Gasdrücke, die das Entlüftersystem und die internen Verbindungskanäle nicht zu regulieren vermochten, bald als zu unzuverlässig im Rennbetrieb. Nach diesem unbefriedigenden ersten Einsatz kehrte der Typ E wieder nach Coventry zurück, wo die Atemnot, unter der der 344 PS-Motor litt, für den nächsten Einsatz in Le Mans möglichst schnell behoben werden sollte. Beim Apriltraining am Ende der Hunaudières fehlten bis zur theoretischen Höchstgeschwindigkeit jedesmal 200 bis 300 Umdrehungen. Lindner bestand deshalb beim Werk auf einer leicht verkürzten Antriebsuntersetzung.

Lindner/Nöcker starteten um 16 Uhr mit der Nummer 16 – und was kommen mußte, kam tatsächlich: durch ständiges Überdrehen des Motors blies die Zylinderkopfdichtung durch. In die Browns Lane zurückgekehrt, entdeckte man überdies Risse im Zylinderblock. Mechanische und thermische Spannungen, der Hecküberhang des zu schweren Getriebes und ein besonders ungünstiges Drehmoment hatten dem neuen Motor ein frühes Ende bereitet. Diesmal gab das Werk den Alublock – der übrigens vorübergehend nicht mehr verfügbar war – endgültig auf und baute die Mechanik wieder um den alten, biederen, aber zuverlässigen gußeisernen Block herum, mit einem vollsynchronisierten Jaguar-Getriebe am hinteren Ende der Gruppe, das kurz darauf in die Serienmodelle eingebaut wurde. Mit diesem Motorblock aus Gußeisen hatte der Typ E endlich die unentbehrliche Betriebssicherheit erreicht, als das 1000-Kilometer-Rennen von Paris von einer Tragödie überschattet wurde. Lindner, der bei Regen mit Höchsttempo fuhr, sah sich plötzlich vor einem defekten Simca-Abarth, der von einem Streckenkommissar von der Bahn geschoben wurde. Für ein Ausweichmanöver war es zu spät; Lindner versuchte vergeblich, zu bremsen, kam auf der nassen Bahn ins rutschen und prallte auf den Simca, wobei der Bolide das kleine Auto buchstäblich köpfte. Der Pilot des Simca kam dabei ums Leben, drei weitere Personen wurden tödlich verletzt; der Typ E mit der Nummer 16 setzte seine Bahn fort und raste gegen eine niedrige Mauer; der unglückliche Peter Lindner war auf der Stelle tot.

Der Unglückswagen wurde bis zum Eintreffen der Experten sichergestellt. Wieder senkten sich Schlaf und Vergessen auf den einst glorreichen Rennwagen, der 1976 bei einem in einer Werkstatt ausbrechenden Feuer um ein Haar verbrannt wäre. Patrick Lansard erwarb das Modell und verkaufte es an Philippe Renault weiter, der vor dieser gewaltigen Aufgabe zurückschreckte und das Wrack an Guy Black abtrat, den Eigentümer der Reparaturfirma »Lynx Enginee-

TYP E LIGHTWEIGHT

ring«. Damit begann endlich eine Wiederherstellung des Lightweight, deren Resultat heute in der Sammlung »Rosso Bianco« von Peter Kaus bewundert werden kann.

Wie der E2 A war auch der Typ E »Lightweight« im ungünstigen Moment gebaut worden. Diese modifizierte und frisierte Ableitung vom Serienmodell war erfolglos hinter echten Siegen hergelaufen und hatte letzten Endes nur dazu gedient, die Aura des Ferrari 250 GTO noch zu verstärken. Nach einer 12 Exemplare zählenden Kleinserie sah man bei Jaguar ein, daß der »E« mit einem Sechszylinder nie zu den Weltbesten zählen würde und daß man sich besser offiziell aus dem Rennbetrieb zurückzog.

Jaguar Typ E
»Lightweight« – 3,8 Liter – Coupé »Low Drag« – 1963
Bohrung × Hub: 87×106 = 3782 cm³
Reihen-Sechszylinder – 2 OHC
340 BHP – ca. 280 km/h
Sammlung Peter Kaus (D)

MARK II TOUR DE FRANCE

SPITZENSPORT IM ABENDKLEID

Die große Neuheit des Mark II beruhte auf drei Faktoren: seiner selbsttragenden Karosserie, seinen kompakten Abmessungen und seinem Doppelcharakter, der ihn zur Familienlimousine, aber auch zum Grand-Tourisme-Modell mit sportlichem Charakter geeignet machte. Im Mark II verbanden sich die Kategorien Sportwagen und Tourenwagen zu einem 1959 ganz neuen, »Sport Saloon« genannten Konzept.

Der Mark II wurde 1959 zwar offiziell eingeführt, aber um die Entstehung dieser neuen Generation kompakter, wendiger Autos ohne separates Fahrgestell zu verstehen, muß man bis zum September 1955 zurückgehen. Bis dahin gab es bei Jaguar nur drei Fahrzeugtypen, nämlich die Rennwagen der C und D-Baureihe, die Sportwagen der XK-Baureihe und die Limousinen der Mark-Baureihe.

Das Bindeglied zwischen diesen drei Kategorien war der Motor, das berühmte und unersetzliche 3,4-l-XK-Aggregat mit doppelter obenliegender Nockenwelle, das je nach Ausführung zwischen 180 und 250 PS entwickelte. Sportwagen und Limousinen besaßen eine weitere Ähnlichkeit: beide waren nach dem Schema »Karosserie auf Chassis« gebaut. Schließlich gab es noch einen letzten gemeinsamen Punkt: im Bemühen um Wirtschaftlichkeit ging Jaguar bei der Vereinheitlichung der beiden Kategorien so weit, Serienteile wie Dreieckslenker, Drehstabfedern, Nabenträger, Achsschenkel, Getriebe und viele andere Teile der Mechanik für beide Fahrzeugtypen zu verwenden.

Mit dem Typ D, einem für den Wettbewerb auf höchstem Niveau konzipierten Rennwagen, der die Epoche der modernen selbsttragenden Karosseriebauweise einleitete, hatte William Heynes zum ersten Mal versucht, sich vom der obligatorischen getrennten Chassis-Karosserie-Bauweise zu befreien. Am Typ D von 1954 und an der neuen 2,4-l-Limousine im folgenden Jahr war zu erkennen, wie

sehr sich Jaguar um die Fertigung leichter, technisch fortschrittlicher Modelle bemühte. Den Mark II zu beschreiben, ohne seinen brillanten Vorgänger, die 2,4-l-Limousine zu erwähnen, hätte wenig Sinn, denn die Kennziffer des Mark II stand für seine zweite Position in der Baureihe; der erste Prototyp war der bereits erwähnte 2,4-l-Saloon, ein Modell von kurzer Dauer, das bald darauf vom 3,4-l-Saloon abgelöst wurde, den die Nachwelt aus chronologischen Gründen nur noch Mark I nannte.

Die beiden Mark-Versionen besaßen die gleiche Karosserie – von einigen Details abgesehen – die gleiche Anordnung der Mechanik, die gleiche Kraftübertragung und die gleiche Radaufhängung. Der erste 2,4-l-Saloon blieb, wie festgestellt, nicht lange in Produktion, weil sein Motor, eine Kurzhubvariante des XK 3,4-l-Aggregats, zu schwach war, um die neue Limousine auf das nötige Tempo zu bringen. Interessenten mußten bis zum serienmäßigen Einbau der 3,4-l-Version des XK-Motors im März 1957 warten, um die Limousine mit einer ihrem Anspruch gemäßen Kraftquelle erstehen zu können. Gleichzeitig änderte sich der Charakter des kompakten Mark I; der »schlappe und blutleere« Jaguar verwandelte sich in ein rasantes und brillantes Auto, bei dem die Bezeichnung »Sport Saloon« ihren eigentlichen Sinn erhielt. Der 3,4-l-Motor war mit Ausnahme der Vergaser unverändert vom XK 140 übernommen worden; seine 210 PS und 9,4 Sekunden, um von 0 auf 100 km/h zu beschleunigen, veranlaßten zahlreiche Eigentümer, ihre Mark I in Rallyes einzusetzen.

Als der 3,4-l-Saloon im Jahr 1957 eingeführt wurde, war er eine echte Sensation, denn Sportwagen, die effektive 193 km/h erreichten, gehörten damals zu den Raritäten; wenn diese Modelle außerdem noch mit Komfort und sogar Luxus aufwarteten, konnten sie als ganz seltene Ausnahmen betrachtet werden. Fünf richtige Sitzplätze, der Komfort einer Limousine, echter Luxus, gutwilliges Fahrverhalten und

MARK II TOUR DE FRANCE

Der von 1959 bis 1964 unschlagbare Jaguar Mark II mit 3,8-Liter-Motor war die sportlichste Limousine der internationalen Wettbewerbszene.

Sein Pilot, Bernard Consten, galt als ihr bester Dompteur.

hervorragende Fahrleistungen waren fast zu schön, um wahr zu sein!

Mit dem 3,4-l-Saloon konnte sonntags an Rallyes teilgenommen werden, ohne daß dabei der alltägliche Familientransport, die Spazierfahrten oder die Urlaubsreise darunter leiden mußten. Die einzige begründete Kritik – die allerdings auch häufig zu hören war – betraf die Trommelbremsen, die bei sportlichem Einsatz schnell in ihrer Wirksamkeit nachließen. Wenn es weiter nichts war... Im Oktober 1957 bot Jaguar Scheibenbremsen an allen vier Rädern an und brachten damit die Kritiker zum Schweigen, die diese zu »schnellen Autos« anprangerten, »die nicht einmal von ihren Bremsen angehalten werden konnten«.

Schließlich war der Mark I auch ein perfekt ausgewogenes, schönes Auto von schlichter und vornehmer Eleganz, mit feurigem Temperament und neuerdings fadingfreien, starken Bremsen.

Im Oktober 1957 wurde der Mark II auf der Londoner Ausstellung als würdiger Nachfolger des Modells ausgestellt, das jedermann Mark I nannte. Der Mark II besaß die gleiche Karosserie wie sein Vorgänger, von dem er sich nur durch einige besonders attraktive, moderne Details unterschied. Das Heckfenster war vergrößert worden, die Seitenfenster besaßen eine verchromte Messingeinfassung und diverse Details wie Rückleuchten und Blinkleuchten waren hinzugefügt worden. Im Innenraum hatte sich dagegen alles verändert; der Mark II wartete mit neuen Sitzen, neuen Lederbezügen, einem neuen Instrumentenbrett, einem neuen Lenkrad und diskreter lackierten Holzteilen auf.

Gleich bei der Einführung des neuen Modells bot Jaguar verschiedene Motorisierungen an: eine 2,4-l- und eine 3,4-l-Version wie bisher, aber außerdem eine neue mit 3782 cm³ Hubraum, auch 3,8 Liter genannt, die bei gleichbleibendem Hub von 106 mm um 4 mm (auf 87 mm) aufgebohrt worden war.

Der Mark II hatte sich buchstäblich in eine Bombe verwandelt. Für Kenner gab es kein anderes ebenbürtiges Modell, und für Rallyefahrer wurde der Mark II zum alleingültigen Vorbild auf dem Sportwagensektor, besonders aber in der Kategorie »über 3 Liter«. Er wurde mit 205 km/h gezeitet und

5 KG 75
A.C.NICE
78
L'EQUIPE
TOUR de FRANCE AUTOMOBILE

5
KG 75
F.F.S.A.
A.C.NICE
78
L'EQUIPE
SHELL
BERRE
8e TOUR DE FRANCE AUTOMOBILE
78

MARK II TOUR DE FRANCE

beschleunigte in 8,8 Sekunden von 0 auf 100 km/h – nur ganz wenige Sportwagen konnten ihrem Fahrer einen derartigen Nervenkitzel verschaffen.

Paradoxerweise war der Mark II nicht ganz so leicht, wie seine selbsttragende Karosserie vermuten ließ, denn mit gefülltem Öl- und Wassertank brachte er ca. 1600 kg auf die Waage. Im Bestreben, robuste, solide und widerstandsfähige Karosserien zu bauen, hatte die »Pressed Steel Co.« des Guten zuviel getan. 100 Kilogramm hätten ohne die geringste Verwindungsgefahr und ohne Risiko für die Gesamtfestigkeit eingespart werden können.

Eine weitere Schwäche des neuen Jaguar war seine Hinterradaufhängung. Die Salisbury-Starrachse war ausgesprochen schlecht geführt, die Räder nicht exakt, die Federung zu weich abgestimmt, in engen Kurven ging das Auto in die Knie und neigte sich zur Kurveninnenseite. Alle Techniker versuchten, diesen Fehler mit strafferen Blattfedern, härter tarierten Stoßdämpfern und besseren Führungselementen beizukommen.

Trotz allem holte sich der Mark II die höchsten Auszeichnungen in Rallyes und kam von 1960 bis 1964 in den Händen Bernard Constens in den Ruf der Unbesiegbarkeit. Schon 1957 schrieb Consten eine 3,4-l-Limousine zur Tour de France ein, dem großen Herbstrennen, das alljährlich vor der Monte Carlo-Rallye stattfindet. Seine Jaguar-Limousine war nicht mehr von der Tour wegzudenken und seine Siege erregten ein derartiges Aufsehen, daß der spezialbearbeitete Mark II spontan den Beinamen Mark II TdF erhielt. 1957/58/59 startete die 3,4-l-Limousine Mark I in den Händen talentierter Piloten wie Bernard Consten und »Nano« Da Silva Ramos in Le Mans. Ab 1959 wurde sie vom Mark II abgelöst, der 1959 eine phantastische Siegesserie unter Consten/Renel, aber auch mit den Piloten Da Silva Ramos/Estager verbuchen konnte. Ab 1960 war Bernard Consten in Le Mans in der Kategorie »Tourenwagen« unschlagbar. Mit seinem unzertrennlichen Teamgefährten Jack Renel holte er sich den Sieg vor dem britischen Team Jopp/Baillie; 1961 siegte er wieder vor Jopp/Baillie und Dutoit/Estager; 1962 vor Rosinski/Charon und Richard/de Montaigu und 1963 vor dem Damenteam Soisbault/Texier. Erst 1964 mußte sich Bernard Consten – der diesmal mit Claude Leguézec fuhr – den erstmals in Le Mans angetretenen Ford Mustang beugen und sich mit einem dritten Platz begnügen.

Nur die Schalensitze verraten schon rein optisch die eigentliche Bestimmung dieses »Sport Saloon«.

Für Jaguar bedeutete es das Ende, aber auch für die Tour, die auf die Unterstützung der französischen Ölgesellschaft Shell-Berre angewiesen war. Die Streichung der Subventionen in Form von »Neuen Francs« und Erdölerzeugnissen zwang das Organisationskomitee (den Sportverband des Automobilklubs von Nizza und die Französische Motorsportbehörde) zur Aufgabe des Rennens.

Erst 1969, nach fünfjähriger Unterbrechung, fand das berühmte 24-Stunden-Rennen dank der unumstößlichen Entschlossenheit und des rückhaltlosen Einsatzes Bernard Constens erneut statt – allerdings in veränderter Form. Die Marke Jaguar nahm nicht mehr am Wettbewerb teil, weder an Straßen- noch Bahnrennen, und der Mark II TdF war nur noch eine glorreiche Erinnerung.

Aber kehren wir kurz in das Jahr 1960 zurück: der Mark II war ein ideales technisches Labor für Rallye-Wettbewerbe. Der Motorentuner John Coombs, der später den Typ E »Lightweight« auf vorbildliche Weise präparierte, stellte sein Talent ganz in den Dienst dieses Prototyps; er brachte sogar ein Handbuch über das Tuning des Jaguar Mark II heraus, in dem er jede Arbeitsphase beschrieb und die Kosten veranschlagte. Danach veröffentlichte auch das Werk unter dem Titel »Tour de France 1964« eine Zusammenfassung der Tuningsmethoden, die leider etwas zu spät kam, weil der Mark II im Rennbetrieb bereits überholt war.

78
5 KG 75
A.C.NICE
L'EQUIPE
TOUR DE FRANCE AUTOMOBILE
NLOP
L' ESPRIT
COMPETITION

MARK II TOUR DE FRANCE

Bei der Vorbereitung der Mark II empfahl John Coomb folgende Maßnahmen:

- Spezialkolben mit einer Verdichtung von 9:1;
- Abschleifen des Zylinderkopfes, um ein Verdichtungsverhältnis von 9,5:1 zu erreichen;
- eine mit höchster Präzision ausgewuchtete Kurbelwelle und aller drehenden Teile;
- ein erleichtertes Schwungrad;
- 2-Zoll-HD8-Vergaser mit Einlaßtrichtern;
- eine direkter ausgelegte Lenkung mit 3,5 Umdrehungen von einem Anschlag zum anderen ;
- nachstellbare »Vari-Flow«-Stoßdämpfer;
- modifizierter Auspuff-Schalldämpfer mit begradigten Auslaßrohren;
- modifizierte hintere Radausschnitte;
- 42 Liter fassender Reservetank im Kofferraum;
- Typ E-Lenkrad;
- handbetätigter Zusatzvergaser für Kaltstart;
- Verstärkung der Aufhängung der hinteren Blattfedern;
- härter ausgelegte Spezialfederung vorne.

Das Werk unternahm folgende Modifikationen:

- Verstärkung der Schweißstellen an allen strategischen Punkten der Verbundkonstruktion und des vorderen Hilfsrahmens;
- ein Reserve-Kraftstofftank statt des Reserverades;
- Kühlkanäle zu den Vorderradbremsen;
- verbreiterte Radausschnitte vorne und hinten, um mehr Platz für die Reifen zu gewinnen;
- Beseitigung der hinteren Radabdeckungen (spats);
- Verbundglas-Windschutzscheibe;
- in Längsrichtung verstellbare Schalensitze;
- »gas flow«-Zylinderkopf und Abschleifen der Dichtung um 5/10;
- Kolben von 8,5:1 mit Ölabstreifring »Maxiflex«;
- 2-Zoll-HD8-Vergaser ohne Filter;
- UVP-Vergaser-Düsennadel;
- Typ D-Nockenwellen;
- Mark VII-Auslaßkanäle;

Der 3,8-Liter-Motor, oder das Geheimnis, wie man eine Limousine für Durchschnittsfahrer in eine unschlagbare Rennmaschine verwandelt.

Diese lange Aufzählung der angewandten Detaillösungen – die hier nur auszugsweise wiedergegeben werden – zeigt, mit welcher Sorgfalt das Werk die Rennwagen paräparierte, die offiziell in Le Mans starten sollten. Bernard Consten standen leider nicht immer solche in allen Einzelheiten frisierten Exemplare zur Verfügung.

MARK II TOUR DE FRANCE

Jaguar Mark II
3,8 Liter »Tour de France« 1963 – »Sport Saloon«
Bohrung × Hub: 87×106 = 3782 cm^3
Reihen-Sechszylinder – 2 OHC
230 BHP – ca. 215 km/h
Sammlung Bernard Consten (F)

ZWÖLF ZYLINDER FÜRS MUSEUM

»Skandalumwittertes Auto mit problematischer Vergangenheit«, ein Titel, der schon in der Typenbezeichnung XJ 13 seine Bestätigung findet und den der Jaguar wie eine Makel trägt. Die Codebuchstaben stehen für »Experimental Jaguar« und 13 bezieht sich entweder auf die Ordnungsnummer des Prototyps oder auf seine Zylinderzahl. 13 Zylinder? Der XJ 13 besaß nur zwölf – 13 kann also nur für die Reihenfolge des Prototyps im Produktionsprogramm stehen. War es nicht ein böses Omen, ein Wettbewerbsmodell mit der Ziffer 13 zu versehen?

Der XJ 13 war in mehr als einer Hinsicht ein typisches Versuchsmodell; erstens, weil er als der einzige Jaguar in der Geschichte der Marke einen Mittelmotor besaß; zweitens, weil mit dieser 5 Liter-Version und ihren vier obenliegenden Nockenwellen das V12-Abenteuer begann. Dieser Prototyp höchsten technischen Fortschritts blieb trotzdem nur eine brillante Stilübung ohne Überlebenschancen, die schon während der Entwicklung vom Firmenvorstand dazu verurteilt wurde, ohne Nachfolge zu bleiben.

Der XJ 13 war eine Schöpfung des legendären Designers Malcolm Sayers, der schon die Typen C, D und E entworfen hatte. Es handelte sich um eine selbsttragende, hypermoderne Struktur aus Aluminiumblechen, bei der man die Front nicht vom Heck unterscheiden konnte. Diese aggressive, exzentrische Karosserie mit ihren trotz allem harmonisch fließenden Linien war im Grunde ein echtes Jaguar-Fabrikat, stand aber im Jahr 1967 in auffälligem Gegensatz zu der im Karosseriestyling herrschenden Mode. Man braucht nur an die damals in Sachen Ästhetik tonangebenden GT 40, Espada, Carabo, Miura, Daytona und Grifo zu denken, um sich ein Bild vom überholten Stil des XJ 13 zu machen. Bei Jaguar wurde man sich bald darüber klar, daß diese wundervolle Maschine die Marke im Wettbewerb keinen Schritt weiterbringen, sondern die Fabrikate »made in Coventry« sogar in Mißkredit bringen

würde. Dabei besaß der XJ 13 genug Qualitäten: einen V12-Alu-Motor, der als Vergaserversion oder mit Einspritzung verfügbar war; zwei Nockenwellen pro Zylindergruppe und mühelose 500 PS in der Version mit Einspritzung; Grund zur Genugtuung, wenn man bedenkt, daß der XJ 13 mit seinen knapp 1100 kg nahezu das gleiche Leistungsgewicht erreichte wie der Ford GT 40, dessen 500 PS aus einem 7 Liter großen V8 stammten, der noch über Kipphebel betätigt wurde und eine einzige zentral montierte Nockenwelle besaß.

Leider genügen ein Hochleistungsmotor, eine ästhetische Hülle und ein guter C_W-Wert nicht, um einen erfolgreichen Rennwagen abzugeben. Norman Dewis, Testfahrer bei Jaguar, war sich dieser Tatsache trotz eines schmeichelhaften (seither unerreichten) Rundenrekords von 260 km/h im Schnitt auf der MIRA-Rennstrecke (Motor Industry Research Association) sehr bald bewußt. Andere Faktoren kamen hinzu, die einen negativen Einfluß auf das Schicksal des XJ 13 hatten: die Firmenpolitik und das von der CSI (Commission Sportive Internationale) und dem ACO (Automobile Club de l'Ouest) erlassene Reglement. Da das Werk keine zu einer Homologation vorgeschriebene Mindestproduktion vorsah, war der XJ 13 schon ein Museumsstück, bevor er sein Reifengummi auf dem Asphalt der Le Mans-Rennstrecke abreiben konnte. Eine Überlebenschance hätte es eventuell mit dem Einbau eines 3 Liter-Motors statt des V12 gegeben, aber bei Jaguar war die Moral nicht mehr die beste, so daß William Heynes im Einverständnis mit William Lyons beschloß, das Projekt aufzugeben. Adieu, Le Mans. Die langerwartete Rückkehr zum Wettbewerb wurde auf später verschoben. Bei Jaguar hatte man vorerst andere Sorgen: die Fusion mit der BLMC (British Leyland Motor Company) war im Gange und mit ihr die Post-Lyons-Ära.

1971 wurde der XJ 13 nach vierjährigem friedli-

Er war und blieb ein Einzelstück: Der von Malcolm Sayer entworfene XJ 13 hätte sich auf der Rennstrecke der Sarthe mit den GT 40 und den Ferrari messen sollen, aber es kam nie dazu. Bei Testfahrten auf der M.I.R.A.-Rennstrecke hatte der XJ 13 einen schweren Unfall.

chen Schlaf für die mit großem Aufwand inszenierten Einführung des Typ E Serie 3 mit V12-Motor aus einer Ecke des Werks hervorgeholt. Man war auf die Idee gekommen, den XJ 13 in Gegenwart der Presse auf der MIRA-Rennstrecke einige Demonstrationsrunden drehen zu lassen, und zwar in Lindley, wo David Hobbs den Rundenrekord gebrochen hatte. Bei dieser Gelegenheit erinnerte sich das Publikum wieder daran, was für ein phantastischer Rennwagen dieser zweisitzige XJ 13 mit seinem 4994 cm^3 großen Mittelmotor ja eigentlich war. Schematisch dargestellt war der V12 eine Verbindung aus zwei in einem gemeinsamen Gehäuse zusammengefaßten XK-Sechszylindern und einer siebenfach gelagerten Kurbelwelle. Bei den 70 mm Bohrung und 87 mm Hub handelte es sich wieder einmal um ein Langhub-Konzept reinster Jaguar-Tradition, das aber dank der V12-Bauweise 8000, ja sogar 8500 Umdrehungen pro Minute vertrug. Drei Ölpumpen sorgten bei Trockensumpf mit getrennter, 41 Liter fassender Ölwanne für großzügige Schmierung dieses rollenden Kraftwerks. Da es sich im wesentlichen um zwei im 60-Grad-Winkel montierten XK-Sechsergruppen handelte, war für jeden Zylinderkopf das Prinzip der XK-Motoren mit einer Einlaß- und einer Auslaßnockelwelle pro Zylinderreihe, einer über Stößel direkt mit dem Nocken in Verbindung stehenden Ventilführung ohne Kipphebel, halbkugelförmigen Brennräumen und im 60-Grad-Winkel geneigten Ventilschäften übernommen worden. Eine bedeutende Modifikation hatte sich allerdings durch den Neigungswinkel der beiden Zylinderbänke ergeben: die Einlaßkanäle befanden sich nicht mehr den Auslaßkanälen gegenüber, sondern zwischen den beiden Nockenwellen, in der Mitte des V. Coventry hatte zwei Gemischaufbereitungssysteme vorgesehen, mit 6 SU HS4-Vergasern oder einer indirekten Lucas-Einspritzung – die elegantere und leistungsfähigere Version.

Auf dem Prüfstand gab der V12 bei 7600/min

500 PS ab, aber sein strukturell bedingtes Potential lag wesentlich höher. Die einzigen Nachteile waren seine komplizierte Bauweise und sein zusammengebastelt wirkendes Aussehen, wie die direkt vom XK-Sechszylinder übernommenen Steuergehäusedeckel aus poliertem Aluminium bewiesen.

ZF-Getriebe und Differential befanden sich in einem gemeinsamen, kurz über die Hinterachse hinausragenden Gehäuse und übertrugen die Vortriebskraft auf die 15 Zoll großen Räder.

Am 20. Januar startete Norman Dewis also auf der MIRA-Piste – nicht um einen neuen Rekord aufzustellen, sondern um vor dem Auge der Filmkamera zu Werbezwecken zu paradieren. Aber wie es das Unglück wollte, verschwand der XJ 13 hinter der Kurve und wurde nicht wieder gesehen: der linke Reifen war geplatzt und der Jaguar endete nach mehreren Überschlägen, von der Leitplanke gestoppt und zurückgeschleudert, in der Mitte der Piste. Norman kehrte, vom Unfall nur leicht geschockt, zu Fuß zu den Tribünen zurück, wo er immerhin in der Lage war, den am Rande der Piste versammelten erschreckten Journalisten seinen Unfall zu beschreiben. Diesmal schien das Mittelmotor-Projekt endgültig zu Grabe getragen, selbst wenn das Wrack instandgesetzt wurde und heute im Jaguar-Museum Browns Lane bewundert werden kann. Diese vorbildliche Wiederherstellung war der Firma Abbey Panels zu verdanken, die bereits Bodengruppe und Aufbau des XJ 13 angefertigt hatte. Zum Glück waren alle Holzschablonen und Versuchsmodelle in Kleinformat im Werk aufbewahrt worden.

Die neuartige selbsttragende Struktur des »13« bestand aus einer Mittelzelle aus Aluminiumblechen, deren Boden von zwei tiefen, durch ein verstärktes Blech verbundenen Längsträgern gebildet wurde und eine besonders steife, unverformbare Einheit abgab, die vorne durch eine feuerfeste Trennwand und ein Schutzblech und im Heck durch ein zweites

Der 5-Liter-V12 mit zwei Nockenwellen pro Zylinderreihe bestand im Grunde nur aus zwei im 60°-Winkel zusammengebauten XK-Reihen-Sechszylindern.

Theoretisch besaß der XJ 13 alle Eigenschaften eines Siegerwagens – aber die Umstände entschieden anders.

Ein stilistischer Einzelfall nach dem Motto: Wie bereitet man ein Auto mit Mittelmotor auf Langstreckenrennen vor?

Schutzblech vervollständigt wurde. Der Motor und die Komponenten der Hinterradaufhängung trugen ebenfalls zur Gesamtfestigkeit bei. Die gesamte Antriebseinheit einschließlich der Dreieckslenker, Stoßdämpfer und Antriebswellen konnte bei Bedarf als Ganzes aus der Bodengruppe herausmontiert werden. Drei Kraftstofftanks gewährten eine beträchtliche Autonomie; einer befand sich hinter einer verstärkten doppelten Trennwand im Rücken des Piloten, die beiden anderen waren in den seitlichen Kastenlängsträgern untergebracht. Wie bereits beim Typ D-Vorgänger befand sich das Benzin in elastischen Gummibehältern innerhalb fester Aluminiumtanks. Diese Gesamtstruktur war so solide, daß ein Dach oder eine verstärkte Einfassung der Windschutzscheibe überflüssig wurden. Das aerodynamisch geformte durchsichtige Perspex-Bauteil über dem Mittelmotor hatte eine rein dekorative Funktion.

Der restaurierte XJ 13 unterschied sich in einigen Details vom Original. Die ursprünglichen Räder gab es nicht mehr und mußten daher speziell angefertigt werden. Da sich das Felgenbett vergrößert hatte, beauftragte Jaguar Abbey Panels mit der Herstellung einer Schablone, die der Verbreiterung der Kotflügel dienen sollte.

Die einzig wichtige Frage blieb jedoch unbeantwortet: Warum hatte das Werk den XJ 13 nicht – wie ursprünglich vorgesehen – im Wettbewerb auf höchstem Niveau eingesetzt? Dieser Mittelmotor-Prototyp erreichte eine Spitzengeschwindigkeit von 280 km/h, zeigte aber ab 260 km/h eine deutliche Auftriebstendenz. Theoretisch lagen 300 km/h im Bereich des Möglichen, aber die zur Fahrsicherheit nötigen Modifikationen hätten die Form des Modells grundlegend verändert. Es schien daher ratsam, auf den Renneinsatz zu verzichten und sich mit der Gewißheit zufrieden zu geben, »nur« einen vollendet schönen, rassigen Sportwagen ins Leben gerufen zu haben.

Ein Auto ohne Front und Heck … oder eine durch die Mittelmotor-Bauweise möglich gewordene vollkommene Symmetrie.

XJ 13

Jaguar XJ 13
5 Liter – 1966 – Renn-Prototyp
Bohrung × Hub: 70 × 87 = 4994 cm³
V 12 – 4 OHC
400 BHP – ca. 260 km/h
Sammlung Jaguar Cars Ltd. (GB)

ZUM SCHEITERN VERURTEILT

Warum hatte das Werk in diesem letzten Entwicklungsstadium des Typ E auf den Einbau des Sechszylinders verzichtet? Es bestand noch Nachfrage nach diesem Modell und es wäre durchaus möglich gewesen, zwei Motorversionen gleichzeitig zu bauen – einen 4,2-l-Sechszylinder und einen 5,3-l-V12. In Wirklichkeit blieb der neue V12 ausschließlich dem »Serie 3« genannten Typ E vorbehalten; die zwei oder drei Exemplare mit Sechszylinder-Motor sind allem Anschein nach per Zufall oder Irrtum entstanden.

Immer mit einem Motor oder einer Karosserie im Verzug – so könnte die Geschichte der Marke seit 1948 zusammengefaßt werden. Im Jahr 1948 war der XK-Motor einsatzbereit, aber nicht die Karosserie (der Mark VII), eine Situation, die zur Entstehung des Mark V und des XK 120 führte. 1961 wurde der Typ E eingeführt, aber diesmal fehlte der Motor; 1971 brachte Jaguar den neuen V12 heraus, aber wieder mangelte es am passenden Modell.

Der neue Typ E V12 war deshalb ein in Mechanik und Aufbau grundsätzlich heterogenes Modell, das aus einem fabelhaften Motor und einer veralteten, zurechtgebastelten, verlängerten, verformten, erschwerten, entarteten Hülle bestand. Zuerst hatte man sie ihrer Scheinwerferverglasungen beraubt, dann den Lufteinlaß auf der Haube vergrößert, den Radstand erweitert, um einen 2+2 zu schaffen, den Dachaufbau erhöht, Form und Neigungswinkel der Windschutzscheibe geändert, die Kotflügel zur Aufnahme größerer Reifen verbreitert und lächerliche Stoßstangen montiert – kurz, man hatte die Originalkarosserie verunstaltet und auf dem Altar der allmächtigen amerikanischen Bundesgesetze geopfert – vielleicht aber auch, um dem Bedürfnis nach klimatisierter Luft, Automatikkomfort oder Kleinkindern Rechnung zu tragen. Dank der Anziehungskraft des »Magic V Twelve« blieb der Typ E noch drei Jahre in Produktion – drei Jahre zuviel für Nostalgiker des echten Typ E, der Serie-1-Version.

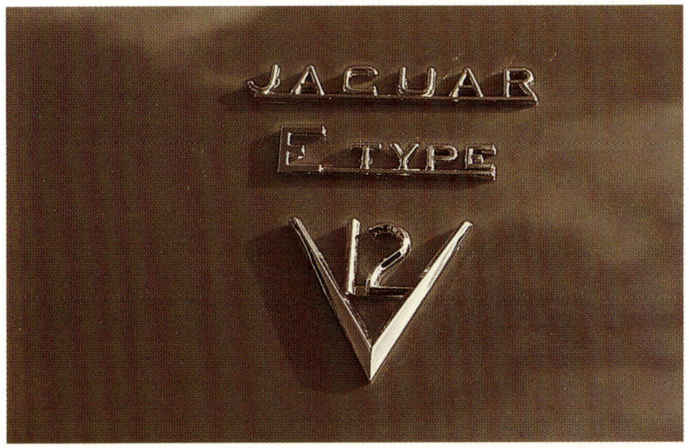

Ein Auto sollte ein logisches Ganzes bilden. Aufbau, Motorisierung, Kraftübertragung, Bremsen, Radaufhängung und Gewichtsverteilung müssen optimal aufeinander abgestimmt sein. Bei dieser zehn Jahre alten Karosserie paßte nichts zusammen. Der V12 hätte für sein Debüt gewiß eine modernere, zeitgemäßere Hülle verdient. Aber schließlich gibt es auch Positives zu berichten. Trotz der ohne ihre Glasverkleidungen leicht glotzäugig wirkenden Scheinwerfer, des Chromgitters vor dem riesigen Lufteinlaß in der Mitte der Haube, der verbreiterten, gerundeten Kotflügel, der extrem breiten Windschutzscheibe, der extremen Länge des Autos und seiner sehr relativen Zuverlässigkeit war der Typ E 1971 noch ein bildschönes Auto, das vielen Ausstellungsbesuchern den Kopf verdrehte. Seine Fahreigenschaften in punkto Elastizität, Drehmoment und reiner Geschwindigkeit konnten selbst blasierten Fahrern das Träumen lehren.

Aber mit der Zeit fand der Typ E immer weniger Abnehmer, besonders auf dem nordamerikanischen Kontinent, wo die Firma seit jeher den größten Teil ihres Umsatzes erzielte. Absatzfördernde Maßnahmen, Werbekampagnen in allen Medien, Leistungsdemonstrationen – nichts half. Der Typ E sollte mit den Corvette und den Porsche konkurrieren, ein unter den gegebenen Umständen von vornherein zum Scheitern verurteiltes Unterfangen.

William Lyons war 1972 mit zweiundsiebzig Jahren in den Ruhestand getreten und die Machtübergabe hatte unter schwierigen sozialen Umständen stattgefunden. 1973 kam die Energiekrise im denkbar ungünstigsten Moment hinzu, als »Lofty« England die schwierige Nachfolge Sir Williams antrat. Schließlich war auch die Wirtschaftspolitik des Leyland Konzerns nicht dazu angetan, die Entwicklung eines E-Typ-Nachfolgers zu beschleunigen.

Tatsächlich sollte das V12-Triebwerk ursprünglich in einen neuen, Typ F genannten Rennsportwagen

Die V12-Version war das letzte Glied der prestigereichen E-Baureihe und gleichzeitig der glanzvolle Ausklang einer zehnjährigen Karriere der Reihen-Sechszylinder. Was war nicht alles unternommen worden, um ihn der Neuzeit und den Umweltbestimmungen anzupassen.

eingebaut werden, aber wie erwähnt, existierte dieser erst als Studie auf dem Papier, als der V12 die Endphase seiner Entwicklung erreichte. Auf den Typ F zu warten, wäre einer wirtschaftlichen Katastrophe gleichgekommen; den V12 in der Limousine zu »entwerten«, wäre taktisch unklug gewesen. Sir William faßte deshalb den Entschluß, den neuen Motor in den Typ E zu verpflanzen. Dabei war es ein Glück, daß das gesamte Aggregat überhaupt unter der Haube Platz fand. Die Anpassungsarbeiten erwiesen sich als äußerst kompliziert und der Einbau des automatischen Getriebes verlangte soviel Platz, daß nur das »Langchassis« in Betracht kam, sodaß der Typ E 2+2 der »Serie 3« als Basis diente. Für einen authentischen Sportwagen war der Entwurf zu lang, vor allem aber war die Spur zu schmal, um ein ausgewogenes Verhältnis zwischen Radstand und Spurweite zu erreichen; dieser endlos lang wirkende Typ E blieb daher auf die GT-Kategorie beschränkt, ohne die Abstammung von seinem Rennsport-Vorgänger mit Kurzchassis, dem Typ E Serie 1, für sich beanspruchen zu können.

Der Typ F, der Anfang der 70er Jahre die Nachfolge des Typ E antreten sollte, erhielt schließlich die Typenbezeichnung XJ S und entsprach in keiner Beziehung dem »Sportwagen der modernen Zeit«, auf den die Liebhaber der Marke so sehnsüchtig warteten. Es handelte sich wieder um einen GT, also um einen Fahrzeugtyp, der für einen bedeutend größeren Käuferkreis konzipiert war, als ein Sportwagen, der weit und breit noch nicht in Sicht war – es schien fast, als habe die Firma Jaguar einen Schlußstrich unter einen Großteil dessen gezogen, was ihre Identität und ihr Markenimage ausmachte. Es dauerte fast zwei Jahrzehnte, bis die Generation der »Supercars« die Herzen der Markentreuen wieder höher schlagen ließ.

Aber auch heute scheint das Konzept eines authentischen Sportwagens im Stil des XK 120 oder des

MOT 2

TYP E V12

3,8-l-Typ E bei Jaguar noch nicht an der Tagesordnung zu sein. Ein einziger Vergleich macht die Kluft zwischen den in Kleinserie gefertigten Supercars und den Sportwagen von früher deutlich: in konstanter Währung gerechnet ist ein einziger XJ 220 von 1992 so viel wert wie 17 Sportwagen vom Typ E-Serie 1. Wirklichkeit gewordene Träume haben ihren Preis.

Ein 5,3-Liter-Motor, der eigentlich nicht für den Typ E bestimmt war. Sein Einbau war mit enormen Schwierigkeiten verbunden, wurde aber schließlich ein voller Erfolg.

Jaguar Typ E-V 12
Roadster – 5,3 Liter – 1971
Bohrung × Hub: 90 × 70 = 5343 cm³
V 12 – 1 Nockenwelle pro Zylinderreihe
272 BHP – ca. 235 km/h
Sammlung Malcolm Woolhead (GB)

AUTOPSIE EINES »CAPO LAVORO«

Der im September 1975 vorgestellte XJS löste nicht die gewohnten Begeisterungsstürme aus, die früher alle Jaguar-Kreationen begrüßt hatten. Dieser fünf Jahre zuvor entworfene XJS wirkte schon überholt, bevor er überhaupt in Mode gekommen war. Wieder hatte Jaguar auf der Basis fragwürdiger ästhetischer Prinzipien eine stilistisch unausgewogene Hülle mit geschmacklich zweifelhaften Details geschaffen, der das legendäre markentypische Gepräge fehlte.

In welche Kategorie konnte der XJS eingeordnet werden? Gehörte er zu den Sportwagen, den GT-Fahrzeugen oder war er ein einfaches Coupé mit sportlichem Charakter? Sollte er die Nachfolge des Typ E antreten, dessen Platz er effektiv im Modellkatalog einnahm? Gewiß nicht, dazu war das Konzept zu verschieden. Trotz seiner einem echten Sportwagen würdigen Leistungen war der XJS eher ein GT-Coupé als ein Typ F.

Sein 5,3-l-V 12 und seine Radaufhängung, die eine erstaunlich gute Fahrstabilität mit der Fahrkultur einer Limousine verbanden, wurden mit dem extremen Gewicht von 1700 kg erkauft, was bedeutete, daß der sogenannte Sportwagen soviel wog wie die XJ-Limousine. Das Gewicht blieb nicht ohne Einfluß auf das Fahrverhalten, vor allem aber auf den Verbrauch: 16,5 Liter bei 100 km/h, zwischen 32 und 35 Liter bei einer Geschwindigkeit von mehr als 200 km/h oder im Stadtverkehr.

Dank seinem prestigereichen Namen, seinen unbestreitbaren, hervorragenden Fahreigenschaften und einer Karosserie, die schlicht genug war, um den XJS bald zu einem klassischen Vertreter seiner Kategorie zu machen, verlief die Existenz des neuen Jaguar zwar reibungslos, konnte aber keinen großen Enthusiasmus erregen. Tatsächlich gewöhnte man sich mit der Zeit an sein Heck im Lotus-Stil, an die wenig überzeugende schnauzenförmige Front, an den zu weit hinten aufgesetzten Dachaufbau... Aber schließlich war der XJS ja auch das erste Modell der

Post-Lyons-Ära, das erste Modell, das den Namenszug »Leyland Cars« und nicht einfach »Jaguar Cars« trug. William Heynes war im Juli 1969 ausgeschieden und Sir William war 1972 ebenfalls in den wohlverdienten Ruhestand getreten.

Zu allem Unglück fiel die Einführung des XJS mit der ersten großen Erdölkrise zusammen, so daß sich das Werk auf die Suche nach einem genialen Erfinder machte, der den überdurchschnittlichen Durst des Letztgeborenen auf ein vernünftigeres Niveau bringen konnte. Der Schweizer Michael May schien der geeignete Mann. Er entwickelte einen neuen Zylinderkopf für den V 12, der fortan die Bezeichnung H. E. (High Efficiency) trug.

Dieser neue »Fireball«-Zylinderkopf konnte jedoch nicht alle Probleme des XJS lösen. Die Marke war immer noch mit einer entscheidenden Identitätskrise konfrontiert. Der C_W-Wert des XJS erwies sich als katastrophal, außerdem hatte niemand den neuen Karosserieentwurf bisher so richtig verdaut. In einem solchen Fall bleibt eine Lösung: einen großen Namen im Karosseriedesign zur Hilfe zu holen. Die Wahl fiel auf den italienischen Karossier Pininfarina. Die Verhandlungen, bei denen es um die Vergabebedingungen, die Definition des eigentlichen Problems und um die Identität des Fabrikats ging, begannen Ende des Jahres 1977. Damals gab es in der Baureihe kein einziges offenes Modell: die Formel »topless« – also ein richtiger Spider, ohne einen unschönen Überrollbügel – schien vielversprechend und bei der amerikanischen Export-Kundschaft trotz der von der gefürchteten US-Motorsportkommission erlassenen Vorschriften gut anzukommen.

Coventry beförderte den XJS also nach Turin und ließ dort dem Stilbüro freie Hand. Der Direktor, Lorenzo Ramaciotti, baute zuerst die Karosserie ab und legte das Fahrgestell mitsamt der Mechanik frei. Dann verstärkte er den Unterbau, um die bei dem fehlenden Dach des zukünftigen Cabriolets immer fragwürdige Gesamtfestigkeit zu verbessern und montierte einen neuen Benzintank. Dann konnte er sich daran machen, das als scheußlich beurteilte Heck neu zu entwerfen. Es stand viel auf dem Spiel für die Firma Pininfarina. Wenn Jaguar das Projekt gefiel, konnte daraus eine einträgliche Zusammenarbeit entstehen – etwa wie zwischen Pininfarina und Ferrari.

Ramaciotti, der den typischen Jaguarstil mit der magischen Grazie italienischer Karosseriekunst verbunden hatte, war eine geniale Mischung gelungen. Die neue Karosserie, an der alle scharfen Ecken und Kanten verschwunden waren, wies besonders strömungsgünstige, makellos glatte Linien auf. Die Frontpartie besaß große Ähnlichkeit mit den Typen D und E, denn die geniale Idee Pininfarinas hatte darin bestanden, die mit dem Typ D angefangene, vom Erscheinen des Typ E unterbrochene Baureihe fortzuführen. Das fehlende dritte Glied war nach Jahren stilistischer Recherchen, die in den Typen E Serie 3 und XJS einen unvollkommenen Ausdruck gefunden hatten, endlich vorhanden. Trotz der Anknüpfung an die Jaguar-Tradition war der XJS Pininfarinas nicht nur eine geschickte Nachahmung, sondern vor allem ein Konzept, das aus dem Rahmen fiel. Gerade heute berufen sich viele modernen Sportwagen auf diese stilistische Abstammung – allen voran der Mazda MX-5 »Miata«.

1978 waren im Karosseriebau eckige Linien und abgeschrägte Kanten Mode, deswegen war der Pininfarina-Stand im »National Exhibition Center« von Birmingham im Oktober 1978 so ungewöhnlich. Der XJS sah in seiner schwarzen Livree wie ein fabelhafter, glattpolierter, an einen nachtschwarzen Strand gespülter Kiesel aus. Man erkannte auf den ersten Blick das Meisterwerk, und die Presse irrte sich nicht in ihrem Urteil. Seltsamerweise hüllte man sich bei Jaguar über diese außergewöhnliche Realisation in tiefes Schweigen. Dieser erste Auftrag blieb auch der

Dieser typische Jaguar ist einem Italiener zu verdanken! Als die Firma Jaguar ihre Identität zurückzugewinnen suchte, hätte dieser bildschöne Spider die entscheidende Wende herbeiführen können.

letzte und eine der vielversprechendsten Verbindungen der ausgehenden 70er Jahre fand nicht statt. Trotzdem wurde der Spider XJS nach diversen Modifikationen und einer neuen grau-metallic-Lackierung wieder ausgestellt, und zwar im März 1979 in Genf. Anschließend kehrte er nach Turin zurück, um dort die friedliche Existenz eines Museumsstücks zu führen.

Jaguar XJ-S
5,3 Liter – 1978 – Spider »by Pininfarina«
(Cabriolet »One Off«) – 1978
Bohrung × Hub: 90 × 70 = 5343 cm^3
V 12 – 1 Nockenwelle pro Zylinderreihe
275 BHP – ca. 240 km/h
Sammlung Pininfarina (I)

JAGUAR IST WIEDER DA!

Der XJR 5 ist ein Rennwagen des von Bob Tullius gegründeten Rennstalls »Group 44«. Tullius, ein Selfmademan im Yankee-Stil, wie ihn nur Amerika hervorbringen kann, besaß die eckige, energische Kinnlade, die stahlblauen Augen und die tiefgefurchten markanten Züge des Hollywood-Typus. Man brauchte Tullius nur an den Boxen der Le Mans-Rennstrecke zu beobachten, um den letzten Zweifel an seiner Herkunft zu verlieren.

Bob Tullius stammte aus Virginia und hatte sich zuerst in seiner Heimat als Pilot englischer Sportwagen einen Namen gemacht, wo er fünf Siege in der Nationalen Sportwagen Meisterschaft SCCA (Sports Car Club of America) errang, 1977 und 1978 auf einem Jaguar XJ 5 in der für Fahrer ausgeschriebenen Trans-Am- Meisterschaft siegte und 1983 in der berühmten Kategorie »Camel GT« als Zweiter ins Ziel kam. Auch mit Fußball- und Motorrad-Wettbewerben hatte Bob sein Glück versucht, bis er schließlich zu den Automobilrennen zurückkehrte, um seinen eigenen Rennwagen zu bauen, obwohl ihn nichts in seinem Werdegang zu dieser Tätigkeit vorherbestimmte. Er war weder Ingenieur noch Techniker aus Leidenschaft, ja nicht einmal ein begeisterter Bastler; er besaß keine Garage, noch weniger einen Rennstall und verfügte ebensowenig über ein Privatvermögen. Damals war Tullius Verkäufer beim Eastman-Kodak-Multi, wo er ganz normal seinen Lebensunterhalt verdiente, bis er unter dem Namen »Group 44« ein eigenes Unternehmen gründete. Es gab nur zwei Gehaltsempfänger, die anfangs hauptsächlich von Dienstleistungen für das Rennsportmilieu lebt, zu denen Marktforschung auf dem Sportwagensektor, Auftreiben von Geldgebern und Public-Relations-Arbeiten gehörten – mangels Eigenkapital die einzige Möglichkeit, Rennwagen zu modifizieren und einzusetzen.

Das Abenteuer begann 1974, als Tullius versuchte, die Firma Jaguar an einer Art »Joint-Venture« zu

interessieren, um V12 in Nordamerika einsetzen zu können. Der British-Leyland-Konzern, zu dem Jaguar damals gehörte, vor allem aber sein Präsident Lord Stokes zeigten wenig Begeisterung für das Projekt, so daß die »Group 44« bescheiden damit begann, private E-Exemplare für Rennen zu präparieren und überall auf dem amerikanischen Kontinent einzusetzen. Diese Bemühungen waren von brillanten Siegen gekrönt, bei denen die Jaguar oft sogar über besonders potente Rivalen triumphierten, zu denen der Ferrari 365 GTB, der Ford Mustang Shelby, die Corvette und Alfa Romeo gehörten. British Leyland Inc., die Jaguar in den USA vertrieb, begann angesichts dieser Erfolge, die überall Aufmerksamkeit erregten, aufzuhorchen. Mit der Zeit interessierte sich auch B.L.-England für Bob Tullius und sein Unternehmen; die »Group 44« entwickelte sich ganz nach den Wünschen ihres Gründers: die Abteilung für Marktforschung war besonders erfolgreich, das Geschäft in den USA kam nach einer langen Flaute wieder in Gang; bei Jaguar Cars Inc. rieb man sich die Hände und Coventry beschloß, das Abenteuer zu wagen und dem »Virginier« diskret die V12-Motoren zu liefern. Tullius konnte endlich seinen langgehegten Traum verwirklichen und eigene Rennwagen bauen.

Zwischen 1981 und 1982 entstand ein prachtvoller Prototyp gemäß den IMSA-Vorschriften (»International Motor Sports Association«). Dieses XJR 5 getaufte Modell war das Resultat der Entwürfe und aerodynamischen Studien eines brillanten Ingenieurs und Rennwagen-Designers namens Lee Dykstra; es handelte sich um einen Prototyp mit Bodeneffekt (der durch zwei die Auftriebskräfte vermindernde Längsträger erzielt wurde), der eine teilselbsttragende Gitterrohrstruktur aus Aluminium und Kevlar besaß. Der Motor war eine überarbeitete, 600 PS leistende Vergaserversion des Werks-V12, an den ein mechanisches Fünfganggetriebe der Marke Hewland angeflanscht war. Goodyear beteiligte sich als Reifenliefe-

Jim Adams
Brian Redman
Hurley Haywood
Hurley Haywood
40
M
Scotchlite
1985
3M

rant am Tullius-Experiment.

Der neue Rennwagen war ein überaus gelungener Entwurf, wenn auch mit seinen 950 kg etwas schwer; das hinderte ihn jedoch nicht daran, in zahlreichen Rennen Ehrenplätze zu belegen und sogar fünf Siege zu erringen. Am Ende der Rennsaison konnte der XJR 5 einen zweiten Platz in der IMSA-Camel-Meisterschaft verbuchen. Der Saisonauftakt 1984 verlief mit einem dritten Platz im 24-Stunden-Rennen von Daytona und einem Sieg in Miami ebenfalls vielversprechend.

Bob Tullius hatte nie ein Geheimnis aus seiner Überzeugung gemacht, daß ein Auto dieser Klasse eigentlich für Le Mans gebaut war, wo es sich mit der wirklichen Konkurrenz messen konnte, den europäischen und japanischen Rivalen. Um die XJR 5 in punkto Zuverlässigkeit optimal auf Le Mans vorzubereiten, ließ Bob Tullius sie 24 Stunden lang auf der Pecono-Rennpiste in Pennsylvania ihre Runden drehen. Das Resultat war befriedigend, denn erst eine halbe Stunde vor Ende des Tests mußte der Jaguar wegen eines Defekts des Hewland-Getriebes abbrechen. Der V 12 hatte sich als zuverlässig, relativ sparsam im Verbrauch und elastisch im Fahrbetrieb erwiesen.

1964–1984: Zwanzig Jahre Abwesenheit von Le Mans! Zwanzig Jahre, seit der Motorendonner des letzten Jaguar auf der Hunaudières-Geraden verklungen war; zwanzig Jahre, seit denen die Liebhaber der Marke warteten und sich fragten, ob Jaguar wirklich endgültig mit dem Wettbewerb Schluß gemacht hatte…

Der Leser wird sich erinnern, daß 1964 zwei Typ E-Leightweight zum 24-Stunden-Rennen in Le Mans gestartet waren, Nummer 17 mit Lumsden und Sargent, die nach der 7. Stunde aufgaben und Nummer 16 unter Lindner und Nocker, die nach 15 Stunden einer wenig überzeugenden Demonstration ebenfalls ausscheiden mußten. Dann herrschte zwanzig

XJR 5

Jahre Schweigen, bis endlich die große Neuigkeit ausbrach: Jaguar is back, Jaguar ist wieder da!

Diese Rückkehr war in erster Linie Bob Tullius und seinem »Group 44«-Rennwagen zu verdanken, aber hinter dem Prototyp mit den beiden grünen Seitenstreifen steckte auch der amerikanische Importeur, und ganz im Hintergrund hatte auch Coventry mitgespielt.

Zwei XJR 5 befanden sich 1984 am Start: die Nummer 40, in dem sich Brian Redman, Bob Tullius und »Doc« Bundy ablösten, und die Nummer 44 mit John Watson, Tony Adamowicz und dem Veteran Claude Ballot-Léna, der zum 19. Mal in Le Mans startete. Es war ein ebenso erfreuliches wie seltenes Schauspiel, in Le Mans ein Modell nicht als Werbeträger für diverse Sponsoren, sondern mit makelloser Karosserie zu sehen, die nur der Jaguar-Namenszug zierte.

Das Gros des Teilnehmerfeldes bildeten die unvermeidlichen Porsche 956 GT (14 insgesamt, ohne die Versionen 930 T und 962 zu berücksichtigen), die seit Jahren in Langstreckenrennen den Ton angaben. 23 Porsche: 53 Konkurrenten Die Zuschauer fragten sich nicht mehr, welche Marke, sondern welcher Porsche siegen würde. Auch Aston-Martin war mit zwei Exemplaren vertreten, die zwar keine reellen Siegeschancen hatte, aber die Rückkehr Englands zum Hochleistungsrennsport symbolisierten. Die Zeitnahme beim Training hat bei einem 24 Stunden dauernden Langstreckenrennen nur relative Bedeutung. Allerdings ist die Reihenfolge am Start interessant, denn sie gehört zum Schauspiel. Zwei Lancia-Martini befanden sich an der Spitze, dahinter fünf Porsche 956 GT ; der erste XJR 5, Startnummer 44, kam mit der besten Rundenzeit von 3.35,33 Minuten bei 227,8 km/h im Schnitt an 14. Stelle, der zweite XJR 5, Startnummer 40, (Rundenzeit 3.39,2 Minuten bei 223,8 km/h Durchschnittsgeschwindigkeit) startete auf Platz 19. Selten waren die Chancen in Le Mans so gut verteilt wie an jenem Samstag, 16. Juni

Mit diesem Jaguar war die Marke nach zwanzigjähriger Abwesenheit wieder in Le Mans vertreten. Im Juni 1984 feierte

Jaguar mit zwei XJR 5 des Rennstalls »Group 44« von Bob Tullius seine Rückkehr zum 24-Stunden-Rennen.

1984. Diesmal wurden sogar den Lancia und Jaguar Chancen eingeräumt – beunruhigend war nur die zahlenmäßige Schwäche des Rennstalls 44: zwei Vertreter in einem Rennen, in dem die Stärke des Kontingents jeder Marke eine nicht zu unterschätzende psychologische Rolle spielt. Die Prototypen waren in drei Gruppen aufgeteilt: die Gruppe C1, in der die Porsche 956, die Lancia und die Rondeau das Gros des Feldes bildeten; die Gruppe C2 für die Konkurrenten mit 700 Kilogramm Mindestgewicht und die neue Gruppe IMSA-GTP, in der die March/Buick, die Porsche 962 T und natürlich die beiden Jaguar XJR 5 des Teams 44 eingeschrieben waren. Die Kategorie IMSA-GTP schrieb ein vom Hubraum abhängiges Gewicht vor (900 Kilogramm für den 6-Liter-Jaguar, 860 Kilogramm für den 2,8-Liter-Kompressor-Porsche), einen Überrollbügel aus Stahlrohr, an der Karosserie angebrachte aerodynamische Bauteile, die Querachse der Pedalerie mußte hinter den Radnaben der Vorderräder liegen. Der Verbrauch während der 24 Stunden war auf maximal 2600 Liter Kraftstoff beschränkt, d. h. auf etwa 55 Liter pro 100 Kilometer.

Als um Punkt 15 Uhr das Zeichen zum Start für die Aufwärmrunde gegeben wurde, herrschte strahlender Sonnenschein. Bis 17 Uhr führten die Lancia, die Meute der Porsche auf den Fersen. Der Jaguar Nr. 40 schien hinter fünf Porsche und den beiden Lancia-Martini auf Platz 8 zu kleben. Nach 40 Minuten gab es große Aufregung im Jaguar-Lager: Nr. 44 unter Redman/Tullius hatte sich während einer Tankserie der führenden Wagen an die Spitze gesetzt. Es folgte ein erbitterter Kampf um die ersten Plätze mit Rundengeschwindigkeiten von 230 km/h! Im Rhythmus der Tankstops gingen Porsche oder Lancia in Führung und jedermann fragte sich, ob die Mechanik dieses höllische Tempo 24 Stunden lang aushalten würde. Um 19 Uhr hatte die Nr. 40 einen Platz gutgemacht und lag an 7. Stelle, während Nr. 44 auf Platz 10

44
JAGUAR
GOODYEAR
EAGLE

Venturi-Effekts, der den Jaguar um ein paar Stundenkilometer »zurückhielt«, wurde eine Spitze von 370 km/h registriert. Äußerlich unterschied sich der XJR 9 von seinem 1987er Le Mans-Vorgänger XJR 8 durch die unter Abdeckungen verborgenen Hinterräder, die den Luftwiderstandsbeiwert merklich verbesserten (was Versuche im Windkanal bestätigten).

Fünf Prototypen in den Sponsor-Farben von »Silk Cut« befanden sich 1988 am Start in Le Mans; dazu gehörten ein 110 Mann starkes Team, das an Ort und Stelle für die Logistik verantwortlich war, 5 Lastwagen, 14 Piloten aus neun Ländern, ein Ärzteteam, zu dem mehrere Heilgymnasten gehörten, Zeitnehmer, Tonnen von Ersatzteilen und ein Berg Ersatzreifen. Die fünf Jaguar XJR 9 LM trugen die Fahrgestellnummern 186,188, 287, 488 und 588. Der Vorstand der Firmen Jaguar und TWR waren vollzählig vertreten: Sir John Egan, der neue Direktor von Jaguar, Tom Walkinshaw, Leiter des TWR-Racing-Teams, Jim Randle, das technische Genie von Jaguar und Tony Southgate, Urheber der Fahrgestelle bei TWR. Es gab nur ein Ziel: die seit Jahren anhaltende Herrschaft der Porsche brechen, durch die das 24-Stunden-Rennen einen Großteil seiner Anziehungskraft, wenn nicht ganz an Interesse verloren hatte.

Gleich nach dem Start gingen die Porsche in Führung – jedoch nicht lange, denn der junge und brillante Jaguar-Pilot Jan Lammers setzte sich in der 7. Runde an die Spitze; von diesem Augenblick an waren die Porsche nur noch in seinem Rückspiegel zu sehen; diese scheinbar unschlagbaren Rivalen, die seit sieben Jahren in Le Mans den Ton angaben, hatten die Konkurrenz unterschätzt und ließen sich auf ihrer ganz speziellen Rennstrecke schlagen. Der Porsche 962C unter Stuck kam drei ganze Minuten und 23 Sekunden nach dem »Fliegenden Holländer« Jan Lammers ins Ziel. Nach 24 Stunden eines erbitterten Kampfes mit mehr als 200 km/h Durchschnittsgeschwindigkeit hatte Jaguar zur größten

15. Stunde auf, als gegen sechs Uhr ein Vorderreifen des Jaguar Nr. 44 unter Tony Adamowicz platzte und der XJR 5 nach einem Überschlag auf die Sicherheitsschranke prallte. Eigentlich war es kein schwerer Unfall, aber ein vorderer Dreieckslenker war leicht verbogen und der Öltank hatte ein Leck. Adamowicz mußte im Schrittempo mit einem fast auf Null gesunkenen Öldruck zur Box zurückkehren. Als sich die Techniker über den Jaguar hermachten, konnten sie nur noch feststellen, daß der Motor unbrauchbar geworden war.

Ein einziger Jaguar blieb damit im Rennen, der die Piste mit der Zuverlässigkeit eines Metronoms im 200 km/h-Tempo umrundete und das Jaguar-Team sogar jetzt noch fest an einen möglichen Sieg glauben ließ. Aber dieser Optimismus war von kurzer Dauer: in der 16. Stunde fuhr der Nr. 40 mit Getriebeproblemen an die Box. Da eine Reparatur nicht möglich schien, beschloß der Chefmechaniker den Austausch des Bauteils. Innerhalb von 45 Minuten fand die Hewland-Organverpflanzung statt und Doc Bundy nahm mit frischem Mut das Rennen wieder auf und Platz 10 ein, 15 Runden hinter dem Spitzenwagen, einem von Henri Pescarolo pilotierten Porsche 956. Siegeswillen und Entschlossenheit des Jaguar-Piloten zahlten sich aus, denn um 9 Uhr war der »40« auf Platz 8 vorgerückt. Runde um Runde holte der überlebende Jaguar die verlorene Zeit auf, bis er wieder in 6. Position fuhr. Um 11 Uhr hatte Doc Bundy einen weiteren Platz gutgemacht, als Schaltprobleme auftauchten. Das Getriebegehäuse war unverhältnismäßig heiß – das Hewland-Ersatzorgan bereitete erneut Schwierigkeiten. Um 13 Uhr 30 stoppte Doc Bundy mit gebrochenem Getriebe an der Box. Jeder versuchte alles nur Erdenkliche, um die Zahnräder zu reparieren, aber nach einstündiger übermenschlicher Anstrengung warf »crew chief« Lanky Foushee das Handtuch. Eine Reparatur war ohne einen größeren chirurgischen Eingriff nicht

möglich, und zu diesem fehlte jetzt die Zeit.

Immerhin hatten Bob Tullius und sein »Group 44« bei dieser Gelegenheit demonstriert, daß eine Rückkehr zu den großen Langstreckenrennen mit der Unterstützung durch das Werk mit optimalen Erfolgsaussichten ins Auge gefaßt werden konnte. Man brauchte nur die nach den IMSA-Vorschriften präparierten Prototypen für die Homologationskategorie C »Sportwagen und Prototypen« zu modifizieren; das geschah auch bald, aber ohne Bob Tullius. Ein anderer Name tauchte von nun an am Jaguar-Firmament auf, um die Marke wieder zum Sieg zu führen, ein gewisser Tom Walkinshaw – aber das steht in einem anderen Kapitel...

Jaguar Tullius XJR-5
6 Liter – 1984 – Sport Prototyp IMSA »Group 44«
6000 cm³ – V 12
1 Nockenwelle pro Zylinderreihe
600 BHP – ca. 320 km/h
Sammlung Peter Kaus (D)

XJR 9 LM

WIEDER SIEGER IN LE MANS

Der XJR 9 Baujahr 1988 ist der direkte Nachfolger des 1985 entwickelten XJR 6. Seine Geschichte begann, als Tom Walkinshaw Tony Southgate mit dem Entwurf eines Wettbewerb-Fahrgestells beauftragte, das sich in Langstreckenrennen auszeichnen und mit optimalen Erfolgsaussichten nach den in der Kategorie »Sportwagen und Prototypen« gültigen Vorschriften gebaut werden sollte. Die Lektüre des Kapitels über den XJR 15 hilft, den Ursprung dieser XJR-Generation besser zu verstehen, die den Hochleistungs-Rennsport in Amerika wie in Europa geprägt hat.

Tom Walkinshaw Racing (TWR) und Jaguar hatten sich, wie bekannt, im Mai 1988 vertraglich verpflichtet, ein dem »Rennsport und abgeleiteten Fabrikaten« gewidmetes Unternehmen zu gründen. Tom Walkinshaw arbeitete allerdings schon seit Monaten mit Jaguar zusammen und hatte nicht auf die offizielle Vertragsunterzeichnung gewartet, um für die Homologationskategorie C bestimmte Rennwagen auf die Räder zu stellen.

Im Jahr 1985 gab es drei XJR 6-Prototypen, Hochleistungs-Rennwagen mit einem vor der Hinterachse eingebauten Mittelmotor, bei dem es sich um den auf 6,5 Liter aufgebohrten, überarbeiteten V 12 handelte. Diese XJR 6 debütierten im Frühjahr 1986 in Silverstone, starteten in Le Castellet, in Monza und im Juni im ersten Langstreckenrennen in Le Mans. Leider mangelte es den Rennwagen an Stehvermögen und ihren Teams an der in dieser Art von Wettbewerb nötigen Erfahrung, und der Versuch endete mit der Aufgabe der drei eingesetzten Jaguar.

Im Frühjahr 1988, mehrere Wochen vor dem Vertragsabschluß, der zur Gründung einer »Jaguar Sport« genannten Firma führen sollte, gab das Werk seine Einwilligung zum Bau eines völlig neuen Modells der Kategorie »Sportwagen und Prototypen«, dessen Rahmen und Karosserie beim unvermeidlichen Tony Southgate in Auftrag gegeben wurden,

während Allan Scott einen Turbo-Motor entwickeln sollte. So entstanden zwei Versionen, eine für die Weltmeisterschaft der »Sportwagen und Prototypen« (XJR 11), die andere für die spezifisch amerikanische IMSA-Meisterschaft (XJR 10). Die Unterschiede zwischen den beiden Prototypen sind nur für Kenner von Interesse, die sowieso alle Feinheiten des Reglements auswendig kennen. Auf die Idee, einen Turbolader einzusetzen, war man bei der Erkenntnis gekommen, daß der Werks-V 12 am Ende seines Entwicklungspotentials angekommen war.

Ganz von vorne anzufangen bedeutete, einen leichten, kompakten und aufgeladenen Mehrzweck-V 6 zu bauen, der eventuell in einer schwächeren Version die Tourenwagen und in einer frisierten Version die Rennwagen antreiben konnte. Auf dieser Basis arbeitet Allan Scott mit größtem Erfolg: sein V 6 brachte 100 Kilogramm weniger auf die Waage als der V 12; er besaß 3,5 Liter Hubraum (3 Liter für die IMSA-Meisterschaft), zwei Garrett-Turbolader und gab je nach Gemischaufbereitung 720 bis 800 PS ab, beängstigende Werte für ein Automobil. Die Frage war nur, ob ein solches Triebwerk Chancen hatte, eine vierundzwanzigstündige Dauerbelastung zu überleben? Die Logik sprach dagegen – trotzdem entstand der Typ 9.

Der XJR 9 LM war im Grunde die dritte Generation der für die Kategorie C gebauten Rennwagen, aber in einer Le Mans-Version, wie die Anfangsbuchstaben LM vermuten lassen. Fahrgestell und Karosserie stammten unverändert vom Southgate-Vorgänger ab, aber der Werks-V 12 hatte wieder den Raum zwischen Cockpit und Hinterachse eingenommen. »Werks-V 12« ist übrigens nicht ganz korrekt, es müßte besser »abgeleiteter V 12« heißen, denn in der Racing-Version war der Original-V 12 auf 6998 cm^3 aufgebohrt worden, so daß er bei einem optimalen Drehmoment von 80 mkg bei 5500/min 730 PS abgab. Im Gegensatz zum V 6 der XJR 10 und 11, war die Bauweise

Ein vom Rennstall TWR (Tom Walkinshaw Racing) gebauter »Sportwagen-Prototyp« der Homologationskategorie C. Nicht mehr der Amerikaner Bob Tullius hielt die Fahne der Marke in der Weltmeisterschaft der Sportwagen und Prototypen und in Langstreckenrennen hoch, sondern der Schotte Tom Walkinshaw.

Ein 7 Liter großer V12, 720 PS und eine Spitzengeschwindigkeit von fast 400 km/h brachten Jaguar den Sieg.

dieses V12 eher unkompliziert: eine einzelne Nokkenwelle pro Zylinderreihe, eine Zündkerze pro Zylinder, nur zwei Ventile für jeden Brennraum, eine elektronisch gesteuerte Einspritzung, elektronische Zündung, Trockensumpf, Kolben mit einer Verdichtung von 12,8:1, Pleuel aus Alulegierung und zwölf zu jeweils drei Kanälen zusammengefaßte Auslaßwege, die in je ein Auspuffrohr pro Zylinderreihe mündeten.

Bei der Fabrikation dieses Prototyps hatte man sich der fortschrittlichsten Technik bedient: die selbsttragende Karosserie bestand aus einer Verbindung von Kohlefaser und Kevlar und besaß eine nach den »C«-Vorschriften der Obersten Motorsportbehörde (OMS) konzipierte Zwei-Personen-Mittelzelle. An der Aufhängung des Mittelmotors waren mit den Achsschenkeln aus Magnesiumlegierung und den Schraubenfedern gleichzeitig die wesentlichen Komponenten der Hinterradaufhängung befestigt. Die vollständig in den Breitfelgen untergebrachten Bremsscheiben und Bremssättel hatten Platz für die »Venturi«-Luftführung mit Bodeneffekt gelassen. Dank der 13-Zoll-Bremsscheiben, der ultraleichten 4-Kolben-Bremssättel und einer wirksamen Kühlung über eine breite, in die Mitte der Scheiben mündende Luftführung hatte der XJR 9 nie Bremsprobleme. Vorder- und Hinterräder waren gemäß den IMSA-Vorschriften 17 Zoll breit, die 16-Zoll-Reifen der Marke Dunlop waren vom Typ »Denloc Kevlar Racing«.

Die Vortriebskraft wurde über ein am Differential angeflanschtes TWR/March-Fünfganggetriebe auf die Hinterräder übertragen. Die Wahl dieses Getriebes erklärte sich durch die neuerdings geteilte Gerade der Hunaudières in Le Mans (um die Piloten zum Verlangsamen zu zwingen und unter der 400 km/h-Schwelle zu bleiben), bei der ein sechster Gang überflüssig geworden war. Motor und Getriebe waren über eine klassische Dreischeiben-Rennkupplung verbunden. Trotz des am Asphalt festsaugenden

JAGUAR
Silk Cut 2
Castrol
2
Silk Cut
JAGUAR
SILK CUT
SILK CUT
DUNLOP
Castrol
JAGUAR
TWR
DUNLOP

vorrückte. Im Jaguar-Lager zeigte sich der erste Hoffnungsschimmer; selbst wenn ein Platz auf dem Podium außer Reichweite lag, hatten die Jaguar den Porsche und Lancia den Rang für kurze Zeit streitig machen können und nebenbei eine großartige Vorstellung gegeben. Die beiden XJR 5 drehten mit vorbildlicher Regelmäßigkeit ihre Runden und gewannen ab 21 Uhr langsam an Boden. Nr. 40 rückte auf Platz 6 und Nr. 44 auf Platz 7 vor. Die vielzitierte lange Nacht von Le Mans brach an – und mit ihr große Erwartungen im Jaguar-Lager und Einsamkeit für die Piloten, die unablässig wie Automaten die 13,626 km lange Piste umrundeten. An der Spitze kämpften immer noch Porsche und Lancia im Rhythmus der Tankstops um den ersten Platz. Um 21 Uhr 30 prallten zwei Aston-Martin des Rennstalls Nemrod zusammen; Nr. 32 fing Feuer, während Nr. 31 mit voller Wucht gegen die Leitplanke geschleudert wurde. Danach unterbrachen die Organisatoren eine Stunde lang das Rennen. Gegen 23 Uhr hatte sich die Position der beiden XJR 5 weiter verbessert, diesmal jedoch in umgekehrter Reihenfolge, mit Platz 5 für Nr. 44 unter Brian Redman und Doc Bundy, hinter dem Nr. 40 auf Platz 6 vorgerückt war.

Die Lancia führten immer noch, dicht gefolgt von den Porsche; aber man begann, den Jaguar als Outsider erste Siegeschancen einzuräumen. Für die »44-Tullius-Jaguar« schien das Siegerpodium in greifbare Nähe zu rücken, was bei einem ersten Versuch nach so langer Zeit in einem Langstreckenrennen einfach phantastisch gewesen wäre. Um ein Uhr morgens lag Nr. 44 immer noch an 5. Stelle, während Nr. 40 auf Platz 8 zurückgefallen war. Eine Stunde später fuhren die beiden Jaguar hintereinander in 6. und 7. Position – alles lief nach Wunsch, die V 12-Saugmotoren schnurrten mit der Regelmäßigkeit eines Uhrwerks und nichts schien den Ablauf der zweiten Hälfte des Rennens stören zu können. Die ersten Zweifel tauchten am frühen Sonntagmorgen in der

XJR 9 LM

Silk Cut Silk Cut
JAGUAR
P&O European Ferries
SILK CUT
Castrol
2
P&O European Ferries
SILK CUT
Silk Cut
JAGUAR

Silk Cut Silk Cut

XJR 9 LM

Freude der 200000 begeisterten Zuschauer, die endlich einen dem berühmten Langstreckenrennen würdigen Zweikampf erlebten, seinen Sieg redlich verdient.

Der XJR 9 LM hatte sich in nur wenigen Monaten als der modernste, zuverlässigste und ausgewogenste aller »Sport-Prototypen« bewährt – eine Seltenheit – wenn auch nicht als der schnellste. Tom Walkinshaw hatte ausschließlich Haltbarkeit und Standfestigkeit angestrebt und in dieser Hinsicht seinen Vertrag mit Jaguar voll und ganz erfüllt.

Man war zum nächsten Einsatz in Le Mans bereit – mit einem doppelten Ziel: die 300-Runden-Grenze zu überschreiten und – natürlich zu siegen!

1988 knüpfte Jaguar endlich wieder an die Le Mans-Siegesserie an. Es war die logische Konsequenz eines von TWR und Jaguar Cars ohne Konzessionen geführten Kampfes.

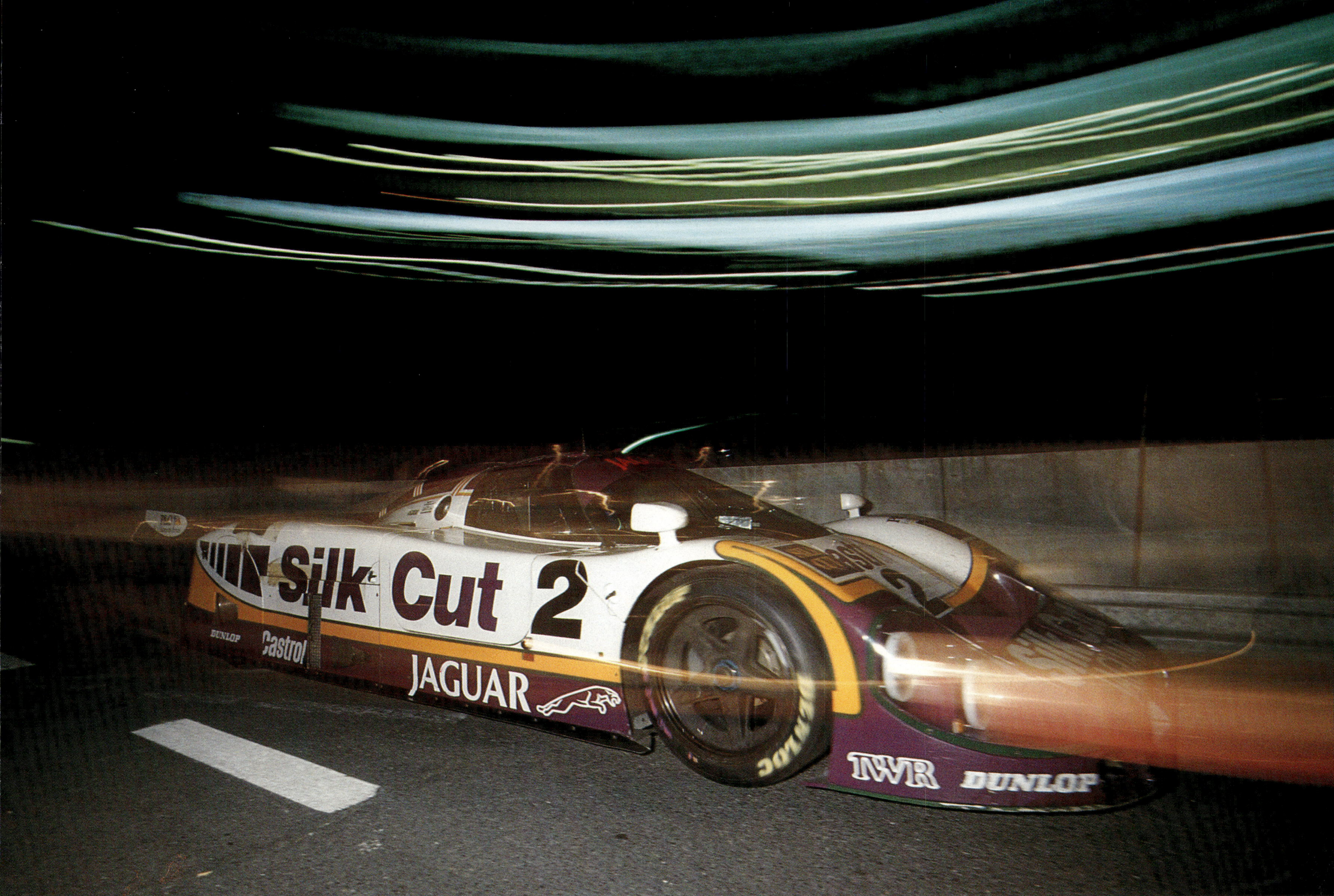
Silk Cut
2
DUNLOP
Castrol
JAGUAR
TWR
DUNLOP

XJR 9 LM

Jaguar XJR-9 LM
7 Liter – 1988 – Langstrecken-Sport-Prototyp
Gruppe C – 6998 cm³ – V 12
1 Nockenwelle pro Zylinderreihe
720 BHP – ca. 390 km/h
Sammlung Jaguar Cars Ltd. (GB)

UND DEM SIEGER EINE MILLION...

Die Rückkehr der Marke 1984 zum Rennen in Le Mans löste eine Reihe immer schneller aufeinander folgender Ereignisse aus. Es besteht kein Zweifel, daß der werbewirksam inszenierte Auftritt »Group 44«-Prototypen des Tullius-Teams in der Sarthe viel für dieses phantastische Come back getan hat.

Wie wir wissen, hatten sich die beiden XJR 5 tapfer geschlagen, als sie in der 15. und 20. Stunde wegen mechanischer Defekte ausscheiden mußten. Die Armada Bob Tullius konnte Le Mans erhobenen Hauptes verlassen: seine für einen ganz anderen Einsatz, nämlich für den amerikanischen IMSA-Wettbewerb konzipierten Rennwagen hatten sich in einem harten Langstreckenrennen voll bewährt, selbst wenn in punkto Chassis und Mechanik noch beträchtliche Fortschritte gemacht werden mußten.

Das XJR-Abenteuer (R steht für Racing) nahm also seinen Fortgang, allerdings unter einer anderen Voraussetzung: Tom Walkinshaw übernahm die Leitung des neuen »TWR« (Tom Walkinshaw Racing) genannten Rennstalls; dann kam, was zu erwarten war: Walkinshaw und Jaguar gründeten, wie zuvor beschrieben, im Mai 1988 ein unabhängiges Unternehmen, die Firma »JaguarSport« (in einem Wort, um die enge Beziehung der Marke zum Wettbewerb zu betonen), an dem beide Partner je zur Hälfte beteiligt waren. Um wirklich komplett und präzise zu sein, sei daran erinnert, daß die Zusammenarbeit von Tom Walkinshaw und Jaguar 1982 mit dem vom TWR für die Gruppe A präparierten XJ 5 begonnen hatte – mit dem bekannten Erfolg. Die neue Firma mit einem Startkapital von 5 Millionen Pfund wurde der Leitung Tom Walkinshaws unterstellt und John Egan, Direktor der Jaguar Cars Ltd., übernahm das Amt des Präsidenten. Man hatte sich zwei Ziele gesetzt: Vertrieb der von der XJ-Baureihe abgeleiteten Modelle (XJ 5 und XJ 6), die einer speziellen, leistungssteigernden Bearbeitung unterzogen wurden, und die Herstellung von Rennwagen.

Dann überstürzten sich die Ereignisse. Einen Monat nach der Gründung des neuen Unternehmens holte sich der XJR 9 LM im Juni 1988 den ersten Platz in Le Mans und knüpfte 31 Jahre nach dem letzten Sieg des Typ D des schottischen Rennstalls wieder an die Siegesserie der Marke an. Von den fünf XJR 9 LM mit 7 Liter-V 12-Motor belegten drei Jaguar die Plätze 1., 4. und 16. Es war eine phantastische Reklame für die Einführung des ersten von »JaguarSport« angebotenen XJS, der sich XJR S nannte und den Beinamen »Celebration« erhielt, um mit Hilfe der am nördlichen Ende von Oxford gelegenen Tuning-Firma Kidlington das »Le Mans Winner Image« zu besiegeln.

Aber neben den frisierten Kundenversionen XJR S und den 4-Liter-XJR Rennwagen hatte JaguarSport noch ein viel spektakuläreres und gewagteres Projekt in petto, das sich XJR 15 nannte. Warum 15? Einfach weil es sich um den 15. Prototyp der Baureihe handelte. Das Le Mans-Rennabenteuer hatte 1984 und 85 mit den XJR 5 von Bob Tullius begonnen, gefolgt von den XJR 6 mit 6,5-Liter-Motor und einem von Tony Southgate entwickelten Chassis, die 1986 alle drei in Le Mans aufgeben mußten. Unter der Leitung Bob Tullius waren außerdem die XJR 7 entstanden; Tom Walkinshaw setzte die Baureihe mit den XJR 8 fort, die einen 6,9-l-Motor erhielten und 1987 in Le Mans einen ehrenvollen fünften Platz belegten. Dann war die Reihe am XJR 9 mit 7-l-Motor, der vom XJR 10 abgelöst wurde, mit dem die V6-Doppelturbo-Ära begann, die Jaguar in der Sportwagen-Weltmeisterschaft und der IMSA-Meisterschaft zum Sieg führen sollte. Im Jahr 1989 tauchte der XJR 11 auf; es wurde eine enttäuschende Rennsaison in der Kategorie Sportwagen und Prototypen, während der die TWR-Jaguar sich erfolglos bemühten, die unschlagbaren Mercedes einzuholen. Der V6-Doppelturbo mußte noch einige Fortschritte machen.

1990 debütierten die XJR 12 LM auf besonders

XJR 15

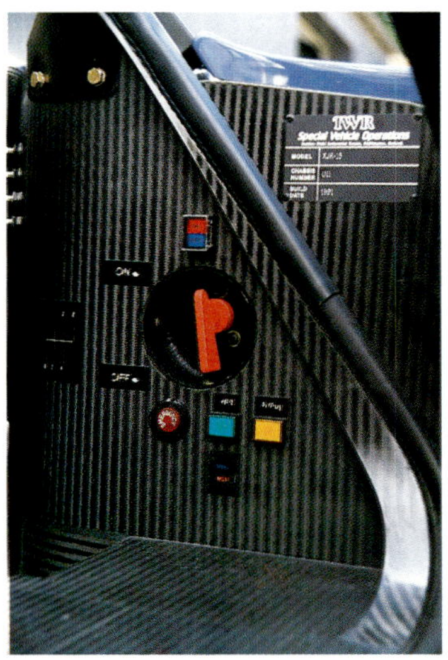

brillante Weise in Le Mans. Der »alte« 7-l-V12 hatte immer noch nicht ausgedient, denn er trieb auch noch 1991 die Jaguar an, die hinter dem siegreichen Mazda die ersten Plätze belegten. Da es keine Nummer 13 im Wettbewerb gibt, entstand als nächstes Glied der XJR-Baureihe der 14, der aber keinen werkseigenen V6 oder V12 besaß, sondern einen V8 HB, mit dem bereits die Formel-1-Ford-Benetton ausgestattet waren. Diese bemerkenswerte Neuheit erklärt sich durch die Tatsache, daß der Gigant Ford die Firma Jaguar geschluckt hatte, eine Kräftegruppierung, die jedermann früher oder später erwartet hatte.

Dann kam Nummer 15 an die Reihe, aber diesmal hatte sich das Konzept geändert, denn der Prototyp sollte nach dem Vorbild amerikanischer »Supercars« – ihrer Bauweise nach Tourenwagen für den normalen Straßenverkehr, die aber vor allem als Basis leistungssteigernder Modifikationen angesehen werden – sowohl sportlichen als auch wirtschaftlichen Zwecken dienen.

Der XJR 15 war im Grunde nichts anderes als ein XJR 9 in der Le Mans-Version 1988, allerdings mit einer echten zweisitzigen Karosserie für den zivilen Fahrbetrieb und einer Endfertigung, die ihn jedem x-beliebigen Automobilisten zugänglich machte. Um es gleich zu sagen: Die von Peter Stevens entworfene Hülle war in ästhetischer und aerodynamischer Hinsicht ein voller Erfolg. Kanten und Ecken waren verschwunden, die Linien geglättet, die Glasflächen harmonisch in die Rundungen des Cockpits einbezogen und stilistisch effektvolle Lufteinlässe hatten den brutal-aggressiven Charakter der reinen Rennkarosserie gemildert.

Der XJR 15 wurde nur zwei Monate nach dem Le Mans-Sieg von 1988 herausgebracht und sollte zum phantastischen Preis von rund 1,5 Millionen Mark verkauft werden. 50 Exemplare waren geplant. Die wirtschaftliche Ausnutzung eines derart überwältigenden Sieges duldet keinen Verzug – das Eisen muß geschmiedet werden, solange es heiß ist. Der neue Supercar erhielt die Typenbezeichnung R9R und Peter Stevens, beratender Designer und Meister seines Faches, begab sich unverzüglich (August 1988) an sein Zeichenbrett. Am 18. Oktober entdeckten die Ausstellungsbesucher in Birmingham zu ihrer Überraschung nicht nur den erwarteten XJR 15, sondern

Mit dem XJR 15 beginnt die Ära der Supercars. Ist dieser Jaguar eigentlich noch eine Straßenversion oder eher ein echter Rennwagen? Man kann ihn als Le Mans-Rennwagen in ziviler Hülle bezeichnen.

ON
OFF
HFS
R/Fog
WATER
VOLTS
NARDI

den Prototyp eines zweiten zukünftigen Traumautos: den XJ 220, ein reines Jaguar-Fabrikat in der Rennwagen-Tradition, wie sie die Ferrari F 40 oder Porsche 959 symbolisieren. Zwei äußerlich fast identische Modelle, die sich jedoch grundsätzlich voneinander unterschieden: der XJ 220, ein reiner Jaguar, von dem 350 Exemplare zu rund 1,2 Millionen Mark gebaut werden sollten und der zukünftige R9R, der in einer Kleinserie von 50 Stück geplant war. Das Ziel Tom Walkinshaws und Peter Stevens war von nun an fest umrissen: der XJ 220 war für die Straße und der XJR 15 (R9R) für die Piste bestimmt.

Stevens nahm sich das Southgate-Fahrgestell vor, auf das er ein 15 cm breiteres und 4 cm höheres Cockpit setzte; dann gab er den Türen und den Türpfosten eine ganz neue Form und brachte sein Modell in natürlicher Größe in knapp neun Monaten zustande. Sofort danach wurde der neue Prototyp in Produktion genommen: Maschinen- und Fertigungsverfahren machten ihre Rechte geltend, denn bei einer Karosserie aus Kompositmaterial und mit Kohlefaser verstärktem Fiberglas waren Basteleien ausgeschlossen; auch bei der selbsttragenden Verbundkonstruktion aus Kohlefaser und Kevlar kamen Improvisationen nicht in Frage. Die Firma ASTEC im Derbyshire stellte Verbundstruktur und Karosserie her, an deren Unterteil Luftführungen angebracht waren, die die Auftriebskräfte vermindern und die Bodenhaftung verbessern sollten. Die Elemente der Hinteradaufhängung waren direkt am V12 befestigt, der wie zwanzig Jahre zuvor sein Vorgänger XJ 13 vor der Hinterachse in einem Rahmenteil untergebracht war, das zur Gesamtfestigkeit des Aufbaus beitrug – ein inzwischen klassisches und bewährtes Konzept.

Der V12 war der von Jaguar entwickelte 6-Liter-Motor in der Version mit einer einzelnen Nockenwelle pro Zylinderreihe und zwei Ventilen pro Zylinder. Trotz seiner scheinbar unkomplizierten Bau-

FEDCO
11
WARWICK
FEDCO
BRIDGESTONE
TWR
MOËT
BILSTEIN
SHOCK ABSORBERS
LONGINES
FACOM
CHAMPION
BP

weise ergab sich bei einem Hubraum von 5593 cm^3 eine Leistung von 450 PS bei 6250/min. Es sei nur an sein Leichtgewicht von 1050 kg erinnert, um sich die phantastische Mühelosigkeit vorzustellen, mit der dieser XJR 15 beschleunigte. Eine AP-Dreischeiben-Kupplung reinster Renntradition stellte die Verbindung mit einem TWR-Sechsganggetriebe her. Die herkömmlichen Bremsen waren nur wegen ihres Formats von Interesse: Die großen Bremsscheiben bestanden aus Stahl, und AP-Sättel wirkten vorne und hinten auf jeweils vier Kolben ein.

Der XJR 15 war demnach tatsächlich der direkte Nachfolger des XJR 9 Le Mans, allerdings mit abgeschwächter Leistungsspitze, denn der V 12 hatte nur noch einen Hubraum von 6 Litern (gegen 7 Liter für den XJR 9), Kolben mit einer Verdichtung von 11:1 (statt 12,8:1), 450 PS Leistung (statt 700 PS) und ein Drehmoment von 62,5 mkg (statt 80 mkg) bei 5500/min.

Auch hinsichtlich der Spitzengeschwindigkeit konnte sich der »15« nicht mit dem »9« messen: der XJR 9 LM erreichte 368 km/h; für den XJR 15 – der übrigens seinem Vorgänger diesbezüglich nie den Rang streitig machen wollte – kündigte das Werk vorsichtig 300 km/h an. Ein Wert war allerdings aufschlußreich: der »15« beschleunigte in 13,5 s auf 240 km/h!

Die XJR 15 waren im Hinblick auf die in der Gruppe »C« und der IMSA-Kategorie gültigen Vorschriften entwickelt worden, aber es bestand kein Grund, warum sie nicht auch in Le Mans neben den großvolumigen Vertretern der Kategorie »Sportwagen und Prototypen« eingesetzt werden sollten. Anfangs hatte man sich bei JaguarSport das Ziel gesetzt, 50 Exemplare zu verkaufen, und sie auf Kosten der Kunden in den drei ausschließlich für die XJR 15 ausgeschriebenen Rennen einzusetzen. Die Rechnung war einfach: selbst wenn JaguarSport bei einem Stückpreis von 500000 Pfund die Rennbearbeitung und den Transport zum Austragungsort unentgeltlich übernahm, brachte das Geschäft (500000×50) einen Bruttogewinn von 25 Millionen Pfund! Viele mittlere Betriebe leben mit einem wesentlich niedrigeren Jahresumsatz.

Am 30. November 1990 lud Jaguar-Sport die dreißig ersten glücklichen Auserwählten zur Unterzeichnung des Kaufvertrags nach Coventry ein. Damit erklärten sich die Kunden bereit, eine im Vertrag enthaltene Klausel zu respektieren, die besagte, daß die Wagen entweder mit den Eigentümern oder mit engagierten Berufspiloten speziell organisierte Rennen fahren sollten. In dem offiziell *Jaguarsport Million Dollar Intercontinental Challenge* genannten Vertrag war zu lesen, daß ausschließlich für die Eigentümer eines XJR 15 drei Rennen organisiert würden: das erste am 12. Mai in Monaco, das zweite am 14. Juli in Silverstone und das dritte am 25. August in Spa-Francorchamps. Die 30 in den drei Läufen eingeschriebenen XJR 15 mußten völlig identisch sein, und acht der engagierten Piloten sollten von Tom Walkinshaw im Namen von JaguarSport ausgewählt werden. Dem Sieger der beiden ersten Läufe wurde ein 6-Liter-XJR S im Wert (Katalog) von 46000 Pfund versprochen, und den glücklichen Gewinner des letzten Rennens auf der neuen Rennpiste von Spa erwartete schlicht ein XJR 15 und eine Trophäe, die »CHALLENGE TROPHY«. Ein letztes Detail, da wir uns schon einmal in den hohen Finanzsphären befinden: der Sieger sollte einen Scheck über eine Million Dollar ausgehändigt bekommen. Offenbar war die Gewinnspanne trotz des mit »Selbstkostenpreis«, »Rennbearbeitung« und »Transport« kalkulierten Budgets über kleinliche Zweifel erhaben.

Im Augenblick kann der XJR 15 zumindest einen Titel für sich beanspruchen – nämlich den des ab Werk teuersten Autos der Welt – weit vor den Bugatti, Porsche, Lamborghini, Ferrari, Cizeta und wie sie alle heißen.

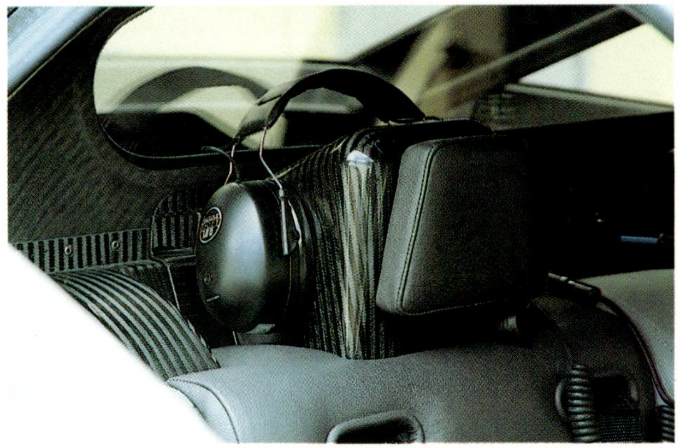

Ein Kultobjekt der späten achtziger Jahre, von dem nur ganz wenige Exemplare gebaut und zu quasi unerschwinglichen Preisen verkauft wurden. Alle Komponenten sind vorhanden, um aus dem XJR 15 bald ein vielbegehrtes Sammlerstück zu machen.

Jaguar XJR-15
6 Liter – Coupé 1991
Bohrung × Hub: 90 × 78,5 = 5993 cm³
V 12 – 1 Nockenwelle pro Zylinderreihe
420 BHP – ca. 300 km/h
Sammlung Tom Walkinshaw Racing (GB)

COUNTDOWN FÜR EIN KULTOBJEKT

Der XJ 220 ist das letzte Glied einer Kette, die, was die Bauweise betrifft, mit dem XJ 13 angefangen hatte und, in Bezug auf ein bestimmtes Karosseriekonzept, mit dem XJS Pininfarinas fortgesetzt wurde.

Die überraschende Stilstudie, die in Erinnerung an den XK eigentlich XK 220 heißen sollte, war ursprünglich nur als »Concept Car« gedacht. Als die Stilstudie aber Form anzunehmen begann, verschlug es John Egan, dem seit 1980 amtierenden Jaguar-Präsidenten, vor freudigem Erstaunen die Sprache – und außer ihm noch einigen anderen Verantwortlichen der Firma. Es war infolgedessen undenkbar, die Akte »220« zu schließen, ohne aus diesem Prototyp eine exklusive Visitenkarte für Milliardäre zu machen. Die Idee eines Jaguar-Supercars war 1984 im Kopf Jim Randles entstanden; Jim Randle war für die 80er Jahre, was der mythische William Heynes für die glorreichen Jahrzehnte 1950–1960 gewesen war, nämlich ein gelehrtes Haus in Sachen Engineering, ein »Deus ex machina« für Jaguar und der weltliche Arm Sir Johns.

Gleich von Beginn an schien dieses Projekt von einem Strom der Sympathie getragen. Es sollte ein Auto der Superlative werden, ein Musterexemplar futuristischer Technologie mit bisher ungeahnten Leistungen. Es bildete sich eine Art exklusiver Klub um Meister Jim, ein Kreis der fähigsten Spezialisten aus allen Bereichen der Spitzentechnologie im Automobilbau. Dieser kleine Verein, der nur unentgeltlich für den Ruhm der Marke arbeitenden Betriebsmitgliedern bestand, trat abends oder an Wochenenden zusammen und nannte sich deshalb »Saturday Club«.

Das gesetzte Ziel war äußerst einfach: Es sollte, wie gesagt, das Auto der Superlative werden, das schönste, schnellste, exklusivste, teuerste und technisch fortschrittlichste Modell der Marke.

Das Freiwilligenkommando bestand aus einem Dutzend Spezialisten, die sich auf so unterschiedlichen Gebieten wie Allradantrieb, ABS, Elektrizität,

Kraftübertragung, Klimatisierung, Nockenwellenform, geklebten Metallstrukturen, Radaufhängung, Bremsen, Innenraumgestaltung, Aerodynamik, Karosseriedesign, Kühlsysteme und Auspuffsysteme ausgezeichnet hatten. An der Spitze des Kommandos befand sich Jim Randle, der Urheber dieses verrückten Projekts.

Jim gab sich nicht damit zufrieden, Energien und graue Zellen seiner Mitarbeiter zu mobilisieren. Es gelang ihm, auch andere Firmen für sein ungewöhnliches Projekt zu interessieren. Die meisten sagte ihre Teilnahme zu, weil sie die Aussicht reizte, ihre Namen mit einem völlig aus dem Rahmen fallenden Fabrikat in Verbindung zu bringen. Es fand eine regelrechte Mobilmachung statt, die in der von Nationalstolz zeugenden englischen Redensart »Fly the Flag« einen treffenden Ausdruck findet. Ob die heilsame Reaktion für das Vereinte Königreich, das den Untergang seiner nahezu gesamten Automobilindustrie untätig mitangesehen hatte, ausgerechnet von der gerade privatisierten Firma »Jaguar Cars« kommen würde?

Das Projekt machte auf fast geheimnisvolle Weise Fortschritte. Jim Randle nahm mit der Firma »FF Developments« inoffiziellen Kontakt auf, um die Möglichkeit eines Allradantriebs zu untersuchen. Die Firma »Park Sheet Metal« übernahm die Fertigung des Fahrgestells, »Alcan Automotive Structures« erklärte sich unter Zuhilfenahme fortschrittlicher Klebemethoden zur Montage der Aluminiumbleche bereit, kurzum: jedermann sagte mit größter Bereitwilligkeit seine Mitarbeit zu. Jim Randle handelte dabei ohne eigenes Budget, quasi aus eigener Machtbefugnis, denn der Big Boss, John Egan, hatte nur sehr halbherzig seinen Segen zu dem Projekt gegeben, das in einer Ecke seines Werks ausgeheckt wurde. Falls Randle scheiterte, konnte er immer noch argumentieren, das Projekt habe das Werk ja nichts gekostet und seine Urheber hätten diesem

XJ220

Amüsement nur ihre Freizeit geopfert. Im gegenteiligen Fall war der Ruhm sicher. Nach dem ursprünglichen Plan Jim Randles sollte der XK 220 ein Monster mit 6,3-l-V 12-Mittelmotor, besonders breiter, aerodynamischer Karosserie, Allradantrieb und allen erdenklichen Raffinessen werden.

Für den Karosserieentwurf wandte sich Randle an zwei Firmen, von denen er nur verlangte, daß die Abstammung von Jaguar auf den ersten Blick sichtbar sein sollte; außerdem wünschte er eine ästhetische und gleichzeitig aerodynamische Karosserie, deren C_W-Wert im Windkanal bestätigt werden mußte.

Gleich zu Beginn des Jahres 1985 begann Cliff Rudell, sein Projekt zu modellieren. Einige Wochen zuvor hatte ein anderer Designer mit dem Namen Keith Helfet ebenfalls den zukünftigen XK 220 in Angriff genommen und eine »Skulptur« geschaffen, gewissermaßen schon einen »Pre-Master«, die so hervorragend durchdacht war, daß sie Jim Randle sofort gefiel. Beide Versuchsmodelle wurden bis zum folgenden Jahr Seite an Seite weiterentwickelt. 1986 war vor allem der Technologie, der Mechanik und dem Allradantrieb gewidmet. Jim Randle ließ sich bei der Wahl der Karosserie Zeit und entschied sich im Frühjahr 1987 für das Modell Keith Helfets, weil es die stilistische Verwandschaft mit seinen Vorgängern am besten zum Ausdruck brachte und gleichzeitig die Jaguar-Tradition fortsetzte.

Das Jahr 1987 verging mit der vollständigen Verwirklichung des »in natura gesponserten« Projekts, das sich schon nicht mehr XK 220, sondern XJ 220 nannte. Mehr als 40 Firmen wurden auf diese Weise kontaktiert, um ihren Teil zu diesem Symbol der Auferstehung der britischen Automobilindustrie beizutragen. So erstaunlich es klingen mag, alles reagierte positiv auf die ungewöhnliche Anfrage Jim Randles, dem es auch gelang, das Vertrauen der zukünftigen Zulieferbetriebe zu gewinnen. Drei Firmen waren in erster Linie an der Konstruktion des »220« beteiligt: FF Developments, Park Sheet und Alcan. Erst im Frühling 1988 hatte der XJ 220 Ähnlichkeit mit einem Modell in natürlicher Größe. Die Aluminiumbleche wurden auf dem Chassis »zusammengeklebt«, während FF Developments letzte Hand an die für Schaltgetriebe, Verteilergetriebe und Ausgleichsgetriebe nötigen Gußteile anlegte.

XJR 15 und XJ 220 sind Kreationen der Superlative. Ihr Anblick verschlägt den Atem, wie alle vollkommenen Dinge.

Von Juni bis Oktober 1988 wurde eine regelrechte Hilfskette gebildet, damit alles bis ins letzte Detail stimmte und der 220 mehr als nur ein »Master« für Ausstellungen wurde. Alles mußte auf das vorbildlichste funktionieren, denn – so unwahrscheinlich es klingen mag – John Egan hatte den XJ 220 noch nicht gesehen. Solange die Phantastereien und Träume die

XJ 220

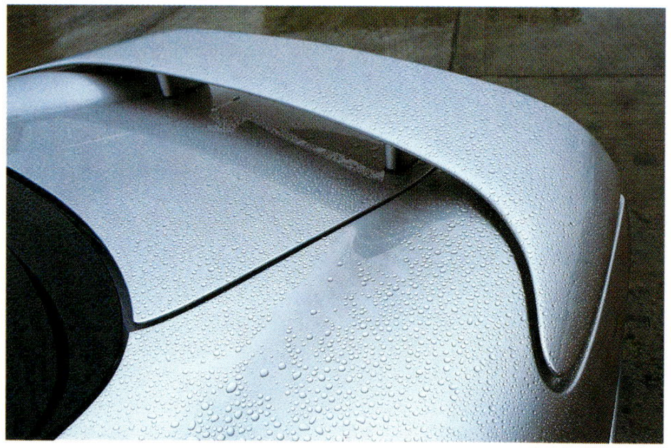

Es fällt schwer, ein so fabelhaftes Objekt überhaupt zu beschreiben. Hier vereint sich Spitzentechnik mit ästhetischer Perfektion.

Produktionsprogramme nicht durcheinanderbrachten, ließ John Egan alles zu – der XJ 220 war eben ein Firmenhobby, denn in Coventry durfte jedermann seine Ideen zum Ausdruck bringen – der Beweis wurde ja gerade erbracht.

Am 10. Oktober 1988 sah Sir John zum ersten Mal den XJ 220 in seiner metallic-grauen Hülle. Er wirkte wie eine Offenbarung auf den Firmenchef, der sich sofort über den Vorteil im klaren war, der aus einem solchen Meisterwerk gezogen werden konnte. In acht Tagen sollte die Automobilausstellung im »National Exhibition Center« von Birmingham stattfinden; abgemacht – der XJ 220 sollte auf dem Jaguar-Stand ausgestellt werden, nur um die Reaktionen der Fachwelt zu testen.

Der neue Jaguar erntete sofort begeisterten Beifall. Kaufangebote kamen von überall her und wie ein Leitmotiv tauchte immer wieder die Frage auf, ob Jaguar die Absicht hatte, ein solches Fahrzeug in den Handel zu bringen? Wenn ja, zu welchem Preis und in welchen Stückzahlen? Jedermann sagte Modena und Stuttgart ein böses Erwachen voraus; die Ferrari F40 und die Porsche 959 schnitten bei einem Vergleich ungünstig ab. Von allen Seiten hörte man nur Superlative, die langerwartete Glanzzeit des britischen Automobilbaus schien endlich wiedergekommen. »God save the Queen«...und den Star der Ausstellung!

Nach dem »Saturday Club« mußte jetzt das Werk die Verantwortung übernehmen. Es ging darum, die Durchführbarkeit des Projekts im Hinblick auf eine regelmäßige Produktion, die Herstellungskosten, die Fabrikationsmethoden und den Vertrieb zu untersuchen. John Egan setzte das Einführungsdatum auf 1990 fest, gab aber keinen Preis an; fest stand nur, daß er hoch, sogar sehr hoch sein würde.

Die Übernahme der Firma durch den amerikanischen Automobilgiganten Ford und die Gründung einer »JaguarSport« genannten Filiale, an der »Jaguar Cars« und »Tom Walkinshaw Racing« je zur Hälfte beteiligt waren, führte zu zahlreichen, von wirtschaftlichen, kommerziellen oder juristischen Kriterien diktierten Modifikationen zwischen dem Ausstellungsprototyp und den Vorarbeiten an einer Kleinserie.

Aus dem reinen Jaguar-Fabrikat wurde ein JaguarSport-Modell mit einem TWR-Antriebsaggregat.

J A G U A R
XJ220

JAGUAR
XJ220

Hierzu ein paar Kommentare: der ursprünglich vorgesehene Motor war der mit 510 PS Leistung angegebene 6,2 Liter-V12, also im großen ganzen der V12-TWR, der schon den XJR 9 angetrieben hatte – allerdings mit vier Nockenwellen. Aber obwohl Jaguar im Juni 1988 gerade in Le Mans gesiegt hatte – vier Monate vor der Ausstellung in Birmingham – waren die Vorstände beider Firmen der Ansicht, daß ein mehr als fünfzehn Jahre alter V12 nicht das geeignete Symbol für den technischen Fortschritt der Marke auf dem Gebiet der Motoren sein könne. Tom Walkinshaw erbot sich daher, den 220 mit seinem 3,5-l-V6-Doppelturbo zu motorisieren, der seine XJR 11 der Gruppe C antreiben sollte. Es handelte sich um einen leichten, modernen, brillanten Motor, der mit einem halb so großen Hubraum mehr PS entwickelte als der V12. Aber besaß ein V6 das Charisma und den Geburtsadel eines V12? Schweres Dilemma! Sollten Image oder Leistung privilegiert werden? Schließlich entschieden die Vorzüge des V6: vier Nockenwellen, 24 Ventile, zwei Turbolader, 3498 cm^3 und 540 effektive PS – plus ein enormes Potential für eine zukünftige Weiterentwicklung.

Als die Produktion in Gang kam, mußte der FF-Allradantrieb leider zugunsten einer herkömmlichen Kraftübertragung aufgegeben werden.

Am 14. Dezember 1989 kündigte JaguarSport mit großem Werbeaufwand die Produktionsaufnahme des XJ 220 in einer 350 Exemplare zählenden Kleinserie an. Er kostet Sie nur die Bagatelle von rund 1 Million Mark, vorausgesetzt, das Werk (oder der Importeur) willigt in seiner unendlichen Güte ein, Ihre Bestellung mitsamt der innerhalb von zwei Monaten zu entrichtenden Anzahlung von 50000 Mark entgegenzunehmen. Das Bestellregister von Coventry, das »Golden Register«, war für dieses Auto aller Rekorde, das die Firma JaguarSport vom Frühjahr 1992 an tropfenweise herausbringt, in einer Rekordzeit komplett.

Nach dem Beispiel des F40, des 959, des EB 110 und anderer Automobilaristokraten wird auch der XJ 220 nicht von der Spekulation verschont bleiben. Noch bevor die Produktion richtig angelaufen ist, tauchen in den Fachzeitschriften schon diskrete Inserate auf: »Trete Kaufvertrag für XJ 220 ab; seriöses Angebot unter der Nummer X in der Zeitschrift XY erwünscht«... kein Photo, keine Werbepropaganda, keine überschwenglichen Prädikate; man befindet sich unter seriösen Leuten, die den Wert eines XJ 220 kennen und keine überflüssige Literatur brauchen, um Millionenbeträge auszugeben.

Jaguar XJ-220
3,5 Liter – Coupé – 1992
Bohrung × Hub: 94 × 84 = 3498 cm^3
V 6 mit Doppel-Turbo – 4 OHC
549 BHP – 342 km/h
Sammlung Jaguar Sport (GB)